LES AVANTURES

DE MONSIEUR
ROBERT CHEVALIER,
DIT
DE BEAUCHÊNE,
CAPITAINE DE FLIBUSTIERS
dans la nouvelle France.

Redigées par M. LE SAGE.

TOME SECOND.

A PARIS,
Chez ETIENNE GANEAU, ruë
faint Jacques, près la ruë du Plâtre,
aux Armes de Dombes.

M. DCC. XXXII.
Avec Approbation & Privilege du Roy.

TABLE
DES ARGUMENS du second Tome.

LIVRE QUATRIE'ME.

Suite de l'Histoire du Comte de Monneville.

*P*ar quelle voiture Monneville se rendit de Paris à la Rochelle où il s'embarqua pour Quebec. Ce qui se passa dans le Vaisseau sur la route. De quelle maniere on marie en ce Pays-là les filles & les garçons qu'on y envoye de France pour peupler la colonie. Par quelle adresse Monneville & une Demoiselle de Paris éviterent ce mauvais sort. Ce jeune

TABLE

aller faire un voyage au Ménil, où il a été élevé dans son enfance, dans le dessein d'y voir sa Nourrice, & de tirer d'elle des éclaircissemens sur sa naissance. Il achete la Terre du Comte de Monneville son pere. Il va au Château du Ménil où il revoit la Baronne & Lucile, & après quelques conversations avec ces Dames, il se fait entre eux une reconnoissance. La Baronne lui apprend qu'il est son fils. Ensuite il épouse Lucile. Le Chevalier vient à ses Nôces, qui sont à peine achevées, que ces deux Cavaliers se préparent à partir pour le Canada, dans l'intention d'y aller chercher Mademoiselle du Clos. Ils arrivent à Quebec, & vont à Montreal, où après mille perquisitions, ils apprennent que cete Sakgame des Hurons à perdu la vie au grand regret de ces Sauvages. Enfin, Monneville & son ami s'étant rembarquez pour

DES ARGUMENS.

revenir en France, sont attaquez & pris par les Anglois qui les menent à Boston dans la Nouvelle Angleterre. Là ils sont vendus comme des Esclaves à un Capitaine qui les achete pour les revendre ; mais Beauchêne & ses Compagnons rencontrent le Vaisseau de cet Officier. Ils s'en rendent maîtres, & par-là Monneville & le Chevalier sont tirez d'esclavage.

LIVRE SIXIE'ME.

Continuation de l'Histoire du Chevalier de Beauchêne. Il rencontre deux Vaisseaux Anglois Gardes-Côtes, qui le font prisonnier. Pour recouvrer sa liberté, il forme un projet qui ne réüssit point. Il est mis à terre avec ses Compagnons au pied d'un rocher dans les deserts de Guinée, où on les laisse sans vivres & sans armes. Après

TABLE.

avoir essuyé mille dangers, Beauchêne avec deux de ses Compagnons arrive au Cap-Corse, où il retombe entre les mains du Capitaine qui l'avoit pris. Il est enfermé dans un souterrain & remis en liberté. Il est conduit à Juda. Il y est bien reçû par Monsieur de Chamois, Gouverneur du Fort François, qui l'engage à aller ravager l'Isle de Prince. Détail de cette expedition. Descentes de Beauchêne sur les Côtes de Brésil. Enlevement d'un Capitaine Garde-Côtes. La tête du Chevalier est mise à prix par le Gouverneur du Rio-Janeiro. Vengeance de Beauchêne. Il fait une prise considérable. Valeur des Portugais. Il se joint avec d'autres Flibustiers aux troupes que Monsieur Cassare commandoit. Ils vont ravager Mont-Sarra. Détail de cette expedition.

LES

LES AVANTURES DU CHEVALIER DE BEAUCHÊNE

LIVRE QUATRIE'ME.

Suite de l'Histoire du Comte de Monneville.

Par quelle voiture Monneville se rendit de Paris à la Rochelle où il s'embarqua pour Quebec. Ce qui se passa dans le Vaisseau sur la route. De quelle maniere on marie en ce pays-là les filles & les garçons qu'on y envoye de

Tome II.   A

Avantures du Chevalier France pour peupler la colonie. Par quelle adresse Monneville & une Demoiselle de Paris évi-terent ce mauvais sort. Ce jeune homme obtient un employ par le crédit d'un Pere Recolet qui luy rend encore d'autres services. De quelle façon Mademoiselle du Clos & lui vivoient au Fort & dans l'habitation que le Commandant avoit aux environs. Ils se sépa-rent à l'amiable. Comment cette Demoiselle devint Sakgame ou Souveraine d'un quartier de Hu-rons. Description de son habita-tion. Mœurs de ces Sauvages. De quelle sorte ils reçurent chez eux Monneville. Histoire de Mademoiselle du Clos. Le Com-mandant Maloüin meurt. Mon-neville demande à luy succeder dans son employ. Le Gouverneur le lui refuse poliment, & nomme Monsieur de la Haye, jeune Pa-risien, pour remplir la place du

Commandant du Fort; mais en récompense Monneville herite de l'habitation & des meubles du défunt. Il conduit au Fort Monsieur & Madame de la Haye, & devient le meilleur de leurs amis. Malheureusement l'amour se met de la partie & gâte tout. Histoire de Monsieur & de Madame de la Haye. Etrange évenement qui doit servir d'avis au Lecteur pour être en garde contre les surprises de l'amour.

NOTRE Caravanne fit une pause à Bourg-la-Reine, pour se mettre dans un ordre de marche convenable. Le soleil qui commençoit alors à se lever, me fit connoître que j'avois pour associez deux ou trois cents tant filoux que catins qu'on envoyoit renforcer la colonie de la nouvelle France. Comme nous faisions tous ce voyage

peut-être un extravagant. Rendez-moi, s'il vous plaît, plus de justice. Quand je pense au dernier tour que j'ai fait à mon très-honoré Pere, je ne puis m'empêcher de m'épanoüir la ratte à ses dépens. Vous allez voir si j'ai tort.

Je suis fils d'un riche Libraire de la ruë saint Jacques, qui m'a si bien gâté dans mon enfance, qu'à l'âge de cinq ans je lui riois au nez lorsqu'il se donnoit les airs de me reprimander, & toutes les fois que dans sa colere il en venoit avec moi aux voyes de fait, je ne manquois pas de jetter dans le puits autant de volumes que j'avois reçu de coups. Je vous ennuirois si je vous racontois toutes les malices que je lui ai faites. Jugez-en par le parti qu'il prend aujourd'hui de sacrifier au ressentiment qu'il en a un fils unique ; car je n'ay ni frere ni sœur, ni n'en aurai selon toutes les apparences, puisque mon pere & ma mere sont trop vieux pour se venger ainsi de moi.

Pour vous apprendre, poursuivit-il, ce qui me donne occasion de rire présentement, je vous dirai que depuis trois jours mon pere a tenu sa boutique fermée, & qu'il a gardé même les clefs de la porte de la maison, de peur que je ne lui échapasse : Mon fils, m'a-t-il dit hier au soir d'un air doux & perfide, tenez-vous prêt à partir avec moi de main matin pour la Campagne. Je me suis bien douté qu'il avoit quelque mauvaise intention, & qu'il vouloit m'envoyer dans quelque endroit faire pénitence ; mais je ne m'attendois pas à l'aller faire si loin. Pour rendre celebre le jour de mon départ, & en graver la date, en grec, en latin & en françois, tandis qu'on me croyoit couché, je me suis glissé dans la Bibliotheque, où m'étant indistinctement saisis des livres que j'ai trouvez sous ma main, j'en ai arraché de chacun les dix ou douze premiers feüillets. Que j'ai tronqué de Jurisconsultes & mutilé d'Orateurs ! Que j'ai laissé sur le carreau de Peres de l'Eglise qui n'ont plus face de Chrétiens ! Je n'ai rien épargné, Théologie, Medecine, Histoire, Poësie, Romans, tout a passé par mes mains ; & c'est en songeant aux grimaces que fait à present mon pere que je ris de si bon cœur. Je m'imagine le voir entrer dans sa Bibliotheque qui n'est plus qu'un Hôpital d'Invalides. Il considere le ravage que j'ai fait. Il examine les blessez, & calcule avec douleur ce qu'il lui en coutera pour leur guérison. Pour ceux qui avoient de longues Préfaces, ils n'en seroient pas moins bons, si du moins sur la premiere page, je leur avois laissé leur nom, leur âge & le lieu de leur naissance. Il est vrai que faute de cela les malheureux vont passer comme moi pour des avanturiers qui n'ont ni feu ni lieu & ne sont reclamez de personne.

Le jeune homme cessa de parler en cet endroit pour recommencer à rire de façon que tout le monde ne put se défendre d'en faire autant. Ce qui servit comme de signal à nos dignes Compagnes de voyage pour raconter leurs avantures. Mais chacune voulant parler la premiere, elles se mirent toutes ensemble à faire autant de bruit que les Pierides après leur métamorphose. Je les interrompis toutes pour les prier de me donner un moment d'audiance. Mesdames, leur dis-je, songez, de grace, que nous ne sommes ici que des Auditeurs;

nous ne sçaurions en même temps vous prêter à toutes l'attention que vous meritez. Le fils du Libraire se joignit à moi, & nous obtînmes enfin que ces Dames parleroient tour à tour.

Alors je m'adressai à la plus apparente de la compagnie & lui dis de commencer. Mais elle nous conjura d'une maniere si polie & en même temps si triste de vouloir bien l'en dispenser, que nous la laissâmes en repos. C'est donc à moi, s'écria aussi-tôt sa voisine, c'est à moi d'enlever toutes les attentions. Elle n'eut pas achevé ces mots, qu'elle se mit à raconter ses proüesses avec une vivacité accommodée au sujet. Elle nous apprit de belles choses aussi-bien que ses Compagnes, dont la plûpart à l'édification du Public avoient fait tous les ans une retraite de quelques mois, pendant laquelle elles avoient joint à un habillement des plus modestes un jeûne austere au pain & à l'eau avec un travail assidu. Ces innocentes pénitentes traittoient de peccadilles & de petits tours d'adresse toutes les fautes qu'elles confessoient avoir faites : avoir vuidé les poches de quelqu'un, l'avoir mis tout nud dans la ruë au fort de l'hyver, ou l'avoir fait jetter par les fenêtres, elles appelloient cela avoir dégourdi des sots.

J'eus tous les jours de pareils entretiens à essuyer sur la route jusqu'à la Rochelle où nous arrivâmes fort fatigués de notre voiture assommante. Là me voyant sur le point d'être embarqué, je demandai un quart d'heure d'audience au Capitaine du Vaisseau. J'esperois exciter sa pitié par le recit de l'injustice qui m'avoit été faite, & pour le rendre plus touchant je me proposois de l'accompagner de l'offre de mon diamant ; mais dès ma premiere phrase comprenant que je voulois tenter sa fidelité, il ne me permit pas de dire le reste de ma harangue, dont la fin peut-être lui auroit paru plus agréable que le commencement. Il me ferma la bouche en me disant brusquement qu'il m'écouteroit pendant le premier calme qui nous prendroit, & que si je l'ennuyois par la narration que j'avois à lui faire, je pouvois compter qu'il me feroit amarer sur un canon & donner cent coups. Le caractere dur de cet Officier m'ôta l'envie de lui offrir mon diamant. J'eus peur qu'il ne le refusât & que je ne reçusse un mauvais traitement de sa brutale integrité.

Je perdis donc toute esperance de borner mon voyage à la Rochelle, & le chagrin que j'en eus me causa une maladie dont je ne me serois jamais tiré sans le secours de trois Peres Recolets qui étoient dans le Vaisseau. L'un d'entr'eux avoit déja voyagé en Canada, & même avoit été Gardien du Convent que ces Religieux ont à Quebec. Il y menoit ses deux Compagnons pour recrûë. Je lui contai par quelle avanture je me trouvois réduit à sortir malgré moi de ma patrie. Il me plaignit & m'exhortant ensuite à me roidir contre le sort qui me persecutoit, il m'inspira peu à peu un courage superieur à ma mauvaise fortune. Mon Pere, lui dis-je un jour, grace à vos charitables exhortations je suis préparé aux plus fâcheux évenemens. Ne me cachez pas, je vous prie, l'horreur de la destinée qui nous attend ces malheureux & moi De quelle maniere en sera-t-on avec nous quand nous serons en Canada ? Je vais vous l'apprendre, me répondit-il, puisque votre fermeté me permet d'offrir à votre esprit un si terrible tableau.

De tout ce que vous êtes d'hommes ici, poursuivit-il, on prendra les plus robustes pour travailler à la pierre, abatre des bois ou défricher des terres. On envoira la plûpart des autres dans les habitations les plus écartées, & par conséquent les plus voisines des Sauvages, qui égorgeront ces misérables pour le moindre sujet qu'ils croiront avoir de se plaindre d'eux, ou brûleront leurs habitations. Joignez à l'effroi de se voir à la merci des Sauvages une si grande disette de tout, que les trois quarts des François qu'on envoye dans ces endroits là périssent de faim.

Avant qu'on les distribuë dans leurs quartiers, on a grand soin de procurer à chacun sa chacune. Le Celibat étant un vrai crime d'état dans une Colonie, il faut que les nouveaux débarquez se marient en arrivant à Quebec, ce qui se fait de la maniere suivante. La Dame Bourdon Directrice de la Maison où l'on met les femmes qui viennent de Paris, assortit les époux à sa fantaisie. Heureux l'épouseur à qui elle donne une compagne saine de corps & d'esprit. Ce n'est pas que pour faire recevoir sans répugnance au futur la bénédiction nuptiale elle ne lui fasse un bel éloge de la future.

Un des deux Compagnons du Moine qui parloit fit un grand éclat de rire en cet endroit. Sans mentir, s'écria-t-il, voila une plaisante police. Je m'imagine que je vois un Fripier, qui d'un coup d'œil sur la taille d'un homme qui entre dans son Magasin, lui trouve un habit comme fait exprès pour lui. Riez tant qu'il vous plaira, reprit le Gardien, ce que je dis se pratique au pied de la lettre. La derniere fois que j'affiftai à cette ceremonie matrimoniale, dont je fus le Miniftre, il fe prefenta une petite figure d'homme affez drole qui pria la Dame Bourdon de lui montrer, difoit il, fa marchandife, afin qu'il pût fe choifir une femme, puifque c'étoit un meuble dont il falloit abfolument fe charger. La Directrice lui répondit fur le même ton : Mon ami, ce n'eft pas la coutume que l'on choififfe ainfi : D'ailleurs, j'ai ici des pieces qui ont la mine bien trompeufe, vous pourriez y être attrapé. Raportez-vous-en plutôt à moy ; je connoîtrai mieux que vous ce qui vous convient quand vous m'aurez dit qui vous êtes & ce que vous fçavez faire.

Je fuis Tailleur a votre fervice, Madame, repliqua-t-il, & ne vous en déplaife j'ai auffi quelques principes de deffein. On m'envoye à soixante quinze lieuës d'ici dans un canton où il n'y a personne de mon métier, à ce qu'on dit. Je ne puis manquer d'y faire bien mes affaires. Ainsi, Madame, je vous prie d'avoir égard à cela. Vous voyez que je ne rendrai pas une femme malheureuse. J'en voudrois une qui fut sedentaire, qui sçût m'aprêter à manger & m'aider un peu dans ma profession. J'ai ton fait, mon enfant, lui repartit la Dame Bourdon. Je te veux apparier avec une fille qui sçait coudre & broder à merveilles. C'est une grande travailleuse, adroite, propre, amusante & faite au tour. Je suis bien aise de te rendre heureux ; car ta phisionomie me revient.

Après avoir parlé de cette sorte, la Directrice alla chercher la future, & pendant ce tems-là j'exhortai le petit Tailleur à se marier moins pour obéïr à la loi que dans la vûë d'avoir du secours & de la consolation dans son établissement. Je lui recommandai surtout d'élever ses enfans dans la crainte du Seigneur, & lui tins tous les discours qu'il étoit de mon ministere de lui tenir dans cette occasion. La Dame Bourdon revint quelques momens après, amenant avec elle une grosse & grande fille qui avoit sur la tête une coëffe qui lui couvroit la moitié du visage. Nous entrâmes tous quatre dans la Chapelle, où la Directrice me pria de faire prendre la droite à la fille. Ce que je fis sans demander la raison de cette nouveauté. Mais au milieu de la ceremonie ayant jetté les yeux sur la mariée, je m'aperçûs qu'elle n'avoit qu'un œil, qui étoit le gauche, & qu'à la place du droit il y avoit une emplâtre qu'elle déroboit adroitement aux regards curieux de l'épouseur.

Je vous avoüe, ajouta le Gardien, que je penſai ſcandaleuſement perdre mon ſerieux. La ceremonie achevée, la Dame Bourdon fit ſigner aux époux le billet de leur engagement, dont elle garda le double, les conduiſit à la porte, où ayant remis à la nouvelle mariée ſon trouſſeau * qui n'étoit pas fort peſant, elle laiſſa à ces deux tourterelles la liberté d'aller où bon leur ſembleroit. Enſuite revenant à moi : ah, mon Pere, me dit-elle, le bon mariage que je viens de faire ! j'étois bien embarraſſée de cette creature-là. C'eſt une diableſſe qui mettoit ici tout en deſordre. Si je lui avois donné un mari de ſa taille, ils auroient toujours été aux épées & aux couteaux ; au lieu que le Tailleur n'oſera ſouffler devant ſa femme, quand une fois il aura

* Les cinquante livres que le Roy leur fait donner.

connu de quel bois elle se chauffe. Outre cela ils pourront procréer des enfans qui tenant de l'un & de l'autre seront d'une grandeur raisonnable. Pour comble de bonheur, il aura une femme robuste qui défrichera, bechera, semera & plantera pour avoir dequoi vivre ; car le petit bonhomme se trompe s'il croit en arrivant où il est envoyé trouver son diner tout prêt & n'avoir qu'à croiser les jambes sur son établi. Il aura peu de pratique, je vous en réponds.

Ce discours du Pere Gardien divertit infiniment ses deux Compagnons. J'en ris aussi, mais du bout des dents. J'envisageai avec horreur un pareil exil ; & fis assez connoître que je ne ferois pas un trop bon ménage avec une épouse de la main de la Dame Bourdon. Le Gardien s'en apperçût, & me dit : Ne vous affligez pas, Monsieur ; vous n'avez point une figure à mériter qu'on vous traitte comme le petit Tailleur. J'empêcherai facilement que vous n'en soyez réduit là. Votre air, vos manieres vous distinguent fort des garnemens parmi lesquels vous avez le malheur de vous trouver confondu ; & qui presque tous portent gravez sur leur front les crimes qu'ils viennent expier en Canada. Vous devez être assuré que vous serez reçû dans notre Ordre à bras ouverts. Si vous preniez ce parti, vous verriez que nous sommes là plus considerez qu'en Europe. Si l'état Monastique ne vous convenoit pas absolument, vous avez de l'éducation, vous écrivez bien, vous ne quitterez point la Ville de Quebec, si vous voulez y demeurer. Je me fais fort de vous y procurer un Emploi.

Je remerciai ce charitable Pere

de fa bonne volonté ; & faifant fond fur l'amitié qu'il me témoignoit, je me fentis tout confolé de me voir dans l'état où j'étois. Les trois Recolets avoient foin de dire la Meffe très-fouvent ; & comme l'Aumônier ne fçavoit tout au plus que lire, le Reverend Pere Gardien prêchoit tout l'équipage les Fêtes & les Dimanches. Cependant, quoique fes Sermons fuffent tous fort pathetiques, ils ne faifoient guere d'impreffion fur les Auditeurs. Il y avoit du défordre dans le Vaiffeau ; & ce défordre augmentoit de jour en jour par l'indifcretion des Officiers qui fe familiarifoient un peu trop avec nos belles Parifiennes. Les Matelots fuivoient leur exemple. Il n'y avoit pas jufqu'aux Mouffes qui ne vouluffent joüir du droit de Paffage. Néanmoins le Capitaine craignant les reproches de la Cour plus que ceux de sa conscience, entreprit de resserrer ses Nymphes, mais il étoit bien difficile d'empêcher tant d'Alcions de faire leurs nids sur les flots.

Je m'attirai par la Musique la bienveillance de quelques Officiers qui la sçavoient un peu. Cela me mit plus à mon aise. J'en fus mieux couché, mieux nourri & plus libre. Les Moines m'en féliciterent d'abord, à la réserve du Pere Gardien, qui souhaitant que je n'eusse eu aucune connoissance que la sienne sur la route, me dit un jour confidemment, qu'il me conseilloit en ami de n'avoir que peu de liaison avec les Officiers du Vaisseau, & d'être avec eux fort réservé, attendu, disoit-il, que leur commerce me corromproit indubitablement. Oh, oh ! dis-je en moi-même après l'avoir écouté avec attention, il semble que ce Reverend Pere me mitonne pour son Convent. Les offres de service qu'il m'a faites n'auroient-elles pour but que de me faire endosser son harnois? Le remede seroit pire que le mal : esclavage pour esclavage, j'aime mieux celui qui peut finir.

Il y avoit dans le Vaisseau une autre personne qui partageoit avec moi les bontez de ce saint Religieux. C'étoit une fille de vingt-quatre à vingt-cinq ans qui se faisoit distinguer par un dehors noble & sage. Elle paroissoit plongée dans une mélancolie que rien ne pouvoit dissiper ; & veritablement elle avoit bien sujet de déplorer son infortune, ayant été embarquée avec nous par surprise le jour de notre départ. J'avois aussi-bien que le Moine été frappé de son air modeste ; & quand j'avois occasion de m'entretenir avec elle, je lui trouvois des sentimens qui me prévenoient en faveur de sa naissance, qu'elle cachoit soigneusement.

Mademoiselle, lui dis-je un jour en présence du Pere Gardien, sçavez-vous l'heureux sort qui nous attend? Vous a-t-on dit que nous sommes ici comme dans l'Arche de Noé, que nous n'en sortirons que deux à deux pour aller multiplier les uns d'un côté & les autres de l'autre? On me donnera une femme que je n'aurai jamais vûë, & vous serez livrée de la même maniere à un époufeur inconnu. Le Religieux prenant alors la parole, lui raconta ce qu'il m'avoit dit de la nécessité & des cérémonies de cet hymen sans façon. La Demoiselle en l'écoutant levoit les yeux au Ciel, & témoignoit assez sans parler le peu de goût qu'elle se sentoit pour une semblable union. Hé bien, Mademoiselle lui dis-je, lorsque le Pere eut achevé son discours,

discours, que pensez-vous de cela? Ne vivons-nous pas l'un & l'autre dans une attente bien agréable? Si le consentement est nécessaire pour ce mariage, répondit-elle, je puis vous assurer qu'on ne me l'arrachera pas facilement. On m'ôtera plûtôt la vie que de m'obliger à devenir femme d'un Maçon ou d'un Bucheron. Là-dessus le Moine la pressa de nous apprendre quelle étoit sa famille, mais elle refusa de satisfaire sa curiosité.

La crainte qu'elle avoit de tomber entre les mains d'un homme de la plus basse condition excita ma pitié & me fit songer aux moyens de lui mettre sur cela l'esprit en repos. Je n'y rêvai pas long-temps. Il me vint une pensée que je lui communiquai dès que je pus lui parler sans être entendu de personne. Je lui demandai si pour conserver tous deux notre liberté elle ne trouveroit pas à propos que dans l'occasion nous nous disions mariés ensemble. J'ajoutai qu'on me promettoit un établissement dans la Ville; ce que je jugeois devoir lui faire plaisir, puisque je pourrois l'empêcher par là d'être reléguée dans des deserts. Elle me répondit qu'en la préservant des horreurs qu'on lui avoit fait envisager, je lui sauverois la vie; Que je n'avois qu'à composer une fable de notre prétendu mariage & la lui donner, qu'elle l'apprendroit si bien par cœur qu'elle ne se couperoit point dans ses réponses quand on viendroit à l'interroger.

Cet expedient me parut bon & même necessaire. Je travaillai donc sur le champ au Roman de nos amours, de notre mariage & de notre exil. J'en gardai une copie & lui en glissai finement une autre dans la main; mais sa mémoire n'eut pas besoin de retenir tous ces mensonges ; car sitôt que j'eus fait accroire au Reverend Pere Gardien que cette Demoiselle & moi nous étions deux époux persecutés par la fortune, ce bon Religieux me croyant sur ma parole nous accorda généreusement sa protection & promit de nous rendre service. Ce qui me tira de l'erreur où j'étois que sa Reverence ne vouloit me délivrer des miseres du monde que pour m'assujettir à celles de son état.

Après une navigation plus heureuse que ne le méritoit un Vaisseau aussi chargé d'iniquitez que le nôtre l'étoit, nous arrivâmes à Quebec au commencement de Novembre 1690. * Si nous fussions entrez huit jours plutôt dans le fleuve saint Laurent, nous aurions été pris par le General Phips Anglois, qui venoit avec une flote

* 1690.

de près de quarante voile de faire sur cette Capitale du Canada une tentative qui ne lui avoit pas réussi. Il y avoit perdu beaucoup de monde & laissé plusieurs pieces de canon qui servirent à celebrer son départ dans les réjouïssances qui se firent quelques jours après.

Monsieur de Longueil que Monsieur de Beauchêne connoît sans doute, & qui sans contredit est un des plus braves Officiers de Marine, eut en particulier des graces à rendre au Seigneur. Le fait est singulier : Monsieur de Longueil dans l'action reçut un coup de Mousquet. La bale frapa sa corne à poudre & la cassa. Il y porta sa main aussi-tôt pour prendre dequoy tirer encore ; dans le même instant une seconde bale vint donner au même endroit, acheva de briser la corne & il en fut quitte pour une legere contusion.

En entrant dans Quebec j'éprouvai que le Pere Gardien ne m'avoit pas fauſſement aſſuré qu'il me feroit diſtinguer de la canaille. Je me vis joüiſſant d'une entiere liberté auſſi bien que la Dame qui paſſoit pour mon épouſe & que j'appellerai deſormais Mademoiſelle Marguerite du Clos; car c'eſt ſous ce nom qu'elle fut miſe ſur la liſte. Le bon Religieux n'en demeura point là ; avec une ſimple adreſſe ſignée de la main de ſa Reverence nous fumes bien reçus & bien logez chez un riche Commerçant auprès de la principale Egliſe qui eſt dediée à Notre-Dame. Ce Marchand prit nos noms de voyage & s'en alla, pour nous, ſigner notre arrivée à la décharge du Capitaine du Vaiſſeau, ſur la feüille ſcandaleuſe, autrement le regiſtre des noms des garnemens envoyés pour habiter la nouvelle France.

La crainte d'un grand mal ne laisse pas la liberté de penser aux petits inconveniens : Mademoiselle du Clos à couvert de l'hymen affreux dont la seule idée l'avoit fait trembler, se trouva fort embarrassée, lorsqu'il fut question de nous aller coucher. Par honte ou par inadvertance elle n'avoit pas demandé deux lits, si bien qu'en entrant dans la chambre qu'on nous avoit destinée & où elle s'étoit retirée avant moi, je l'aperçus toute en pleurs & aussi affligée que si elle eût épousé un Maçon. Couchez-vous, Monsieur, me dit-elle ; pour moi je passerai la nuit sur une chaise. Non, Mademoiselle, lui répondis-je, ce lit n'est pas ici pour rien ; vous vous y reposerez s'il vous plaît. Vos allarmes m'offensent. Je suis honnête homme & je n'ai point inventé la fable de notre hymen pour en profiter de la maniere indigne que vous aprehendez.

Je me sentois en effet pour elle un respect que m'inspiroit son air noble & imposant, & qui m'empêchoit de former la moindre pensée d'abuser de la fâcheuse situation où elle étoit réduite. Enfin je haranguai de façon que je la rassurai. Je l'obligeai à se mettre au lit après avoir pris un de ses matelats que j'étendis par terre & sur lequel je couchai tout habillé. A peine étions-nous levez le lendemain que notre Patron nous vint voir, quoique son Convent fût assez éloigné de Notre-Dame. Il nous pria de ne nous point inquieter & nous assura de nouveau qu'il se chargeoit de notre établissement. Il nous fit mille politesses à Mademoiselle du Clos & à moi. Que l'esprit de l'homme est malin & à quelle indigne vûë n'eûs-je pas la foiblesse d'attribuer la bonne volonté que ce saint Religieux nous marquoit : Il est vrai que huit jours après je lui rendis plus de justice.

Il vint nous revoir. Il étoit accompagné de Monsieur de la Valiere Capitaine des Gardes de Monsieur de Frontenac, & il nous dit qu'à la recommandation de cet ami il venoit d'obtenir pour moi un poste considerable par raport à sa situation propre au commerce. Il n'y a que de petits apointements attachez à cet employ, aiouta-t-il, mais il embrasse les fonctions de cinq ou six charges à la fois. Premierement vous serez Caissier dans un Fort vers les frontieres des Hurons, où vous aurez à payer une douzaine de Soldats qui en font toute la garnison. Vous aurez la direction de leurs magazins que vous tiendrez toujours en état en cas d'attaque de la part des Sauvages. Vous serez pareillement chargé de faire la recette du contingent que doivent fournir les Maîtres des habitations voisines de ce Fort. De plus vous aurez soin d'entretenir le plus de liaison que vous pourrez avec les Sauvages de la frontiere, pour les disposer peu à peu à passer agréablement sous la domination Françoise.

Ne voulant pas que Mademoiselle du Clos dépensât une modique somme d'argent qu'elle avoit, & ayant plusieurs emplettes à faire, je priai notre Hôte de me faire trouver de l'argent sur un bijou. Pour cet effet, il me conduisit chez un riche Marchand qui étoit en même temps Orphevre, Joüaillier & Clincailler, & qui m'offrit de bonne grace sur mon diament cent pistoles que j'acceptai en lui disant devant mon Hôte & d'autres personnes qui étoient là, que si je périssois dans l'endroit où j'étois envoyé, je le priois de donner au Reverend Pere Gardien des Recolets le surplus du prix de mon diamant ou le diamant même, si je laissois dequoi payer les cent pistoles qu'il me prêtoit

De l'argent que je reçûs, j'achetai les choses dont nous ne pouvions absolument nous passer, & une montre pour en faire present à notre bienfaicteur. La veille de notre départ ce bon Pere me mena chez le Gouverneur qui faisoit sa résidence à une des extrêmitez de la Ville dans le Fort Saint Loüis. Je reçus là mes instructions avec une ordre de partir au plûtôt. Ce que je fis le jour suivant sous l'escorte de cinq Soldats qu'on me donnoit à conduire pour remplacer le même nombre qui avoit déserté du Fort où j'allois, & passé parmi les Sauvages.

Le Reverend Pere pour pousser la générosité jusqu'au bout, fit mettre lui-même tout en état, & voulut nous voir partir. Nous fûmes alors bien persuadez qu'en nous obligeant il n'avoit écouté que son bon cœur, la voix de l'humanité & celle de la charité chrétienne, puisqu'en nous quittant peut-être pour toujours, il redoubla ses bienfaits. Il défendit à notre Hôte de prendre la moindre chose de nous, & refusa la montre que je lui offris. Je ne doute point de votre reconnoissance, nous dit-il, ainsi je n'ai pas besoin que vous m'en donniez des preuves. Tout ce que j'exige de vous, c'est que vous viviez toujours dans la crainte de Dieu, qui ne vous abandonnera jamais tant que vous le servirez fidellement. Après une courte exhortation qu'il nous fit sur ce sujet, il nous laissa si touchez de son amitié, de ses bienfaits & de sa vertu, qu'à peine eûmes-nous la force de lui dire adieu.

Que la douceur que ressentent ceux qui font du bien aux malheureux doit être grande ! La consolation dont ils joüissent dès cette vie est préférable à tout ce que la terre offre de plaisirs. Le sort de ce saint homme me parut alors plus digne d'envie que toutes les grandeurs du monde ; nous nous trouvions moins heureux d'avoir reçû tant de services dans un si grand besoin, que lui n'avoit de joye de nous les avoir pû rendre.

Il y avoit plus de deux heures que nous étions embarqués & partis de Quebec, lorsque Mademoiselle du Clos appercevant mon adresse sur deux valises qui étoient dans notre Canot, me dit : Ce sont apparemment les clefs de ces valises que vous aviez oubliées, & que le Reverend Pere m'a données en partant. Je ne fçai, lui répondis-je, ce que c'eſt que ces clefs ni ces valiſes. Mademoiſelle du Clos mit auſſi-tôt les clefs dans les ſerrures, & les valiſes s'ouvrirent. Elles étoient pleines de toute ſorte de linge à notre uſage. Pour le coup nous demeurâmes tout interdits, & nous rendîmes enſuite un million de graces au Ciel de nous avoir fait rencontrer un homme ſi charitable.

Nous avions pour guides deux Matelots de la Baſſe-Ville qui étoient mariez. On ſe ſert plus volontiers de ceux-là que des autres, parce que l'envie de revenir auprès de leurs femmes & de leurs enfans, fait qu'ils s'acquittent plus exactement de ces perilleuſes commiſſions. Secourus des Soldats qui avoient ordre de les aider à remonter le fleuve, ils nous menerent aiſément en Canots juſqu'à Mont-Real, mais ensuite à cause des sauts & des rapides il nous falut aller souvent à pied, & quelquefois par des chemins presque impraticables où Mademoiselle du Clos nous donnoit bien du travail. Je vous l'avoüerai, je me repentis alors plus d'une fois d'avoir dit que c'étoit ma femme.

Je croi qu'elle s'en apperçut; car malgré les politesses que je lui faisois toujours, je voyois que la tristesse l'accabloit plus que la fatigue du voyage, & que dans ses manieres à mon égard le respect & la timidité succedoient à l'air aisé qu'elle avoit eu jusques-là. Je l'exhortois vingt fois le jour à prendre courage dans l'esperance de voir bientôt la fin de nos peines; mais comme je m'avisai un soir qu'elle me parut plus triste que je ne l'avois encore vûë de lui faire des reproches sur son changement de conduite à mon égard : Eh, Monsieur, me dit-elle, en fondant en larmes, pourquoi combattez-vous ma douleur? Quand j'y aurai succombé, n'en serez-vous pas plus heureux ? Votre plus grand embarras, vos plus grandes dépenses sont pour moi, pour une malheureuse qui n'a rien fait pour vous, que vous ne connoissez pas même encore, & qui ne mérite votre pitié qu'à force d'être miserable. C'en est trop, Monsieur, ajoûta t-elle, songez à vous & m'abandonnez à mon infortune. Laissez-moi à la premiere Habitation que nous trouverons. J'y passerai le reste de ma vie dans la misere de la servitude, si le Ciel est assez irrité contre moi pour me laisser vivre avec tant d'ennuis.

Notre malheur, lui répondis-je, a commencé dans le même tems, & nous nous sommes engagez à courir la même fortune.

Quoique nous ne foyons pas unis par les nœuds de l'hymenée, je vous regarde comme mon époufe. J'ay attaché mon fort au votre, vos peines font les miennes. C'eft la confiance que vous avez en moi qui vous expofe à des fatigues fi peu convenables à votre fexe. Que ne puis-je les fupporter toutes? Je voudrois n'avoir à partager avec vous qu'une fortune agréable. Envifagez-moi donc comme un ami, comme un frere à qui votre fecours va devenir neceffaire.

Je la confolai par ces difcours & par d'autres femblables. Elle reprit des forces avec l'efperance & nous fuivit plus facilement. Nos Soldats tuerent fur la route quelques Orignacs ou Elans, dont nos Guides s'accommederent fort. Pour nous nous en trouvâmes la chair deteftable. Ce font des Cerfs fauvages dont les peaux font une partie du commerce des François avec les Sauvages, & comme il fait plus froid dans le Canada que le climat ne semble le promettre, on en fait aussi dans quelques Cantons des habillemens fort utile pour le peuple. Il est vrai que le commerce n'en est pas si étendu, ni si recherché que celui des peaux de Castors.

Nous vivions de notre chasse, les habitations qui se trouvoient sur la route n'étant que de méchantes cabannes dont les habitans n'avoient à nous offrir que des legumes & de mauvaise sagamité ou boüillie de bled d'inde, car la plus grande partie de ces terres sont moins propres à produire du froment que d'autres grains. Cependant après avoir traversé bien des lacs, des rivieres & des forêts nous découvrîmes enfin ce Fort tant desiré. Quoiqu'il ne fut pas en bon état

& qu'il eut plutôt l'air d'une simple Redoute que d'un Fort, il nous parut une belle & grande Citadelle en comparaison de ces nids à rats où nous avions logé.

Les Lettres du Gouverneur dont j'étois chargé m'y firent recevoir comme un Officier général. La veuve de mon prédecesseur me ceda son petit apartement tout meublé, & nous prenant en pension pour très peu de chose la malheureuse étoit moins notre hôtesse que notre servante. Neanmoins sa compagnie devint très utile à Mademoiselle du Clos qui couchoit avec cette bonne femme, dont elle aprit en peu de temps la langue des Hurons qui étoient les Sauvages les plus voisins. La premiere chose que je fis fut de visiter la place que j'eus toute examinée en moins d'un quart d'heure. C'étoit une bicoque qui sans la bonté de sa situation n'auroit pas arrêté en Europe une Compagnie de Dragons plus long-temps qu'un moulin à vent; mais il n'en falloit pas davantage pour arrêter des Sauvages & émousser leurs fléches.

Le Capitaine ou Commandant de ce Fort étoit un vieux Maloüin, qui pour quelque faute militaire commise sur un Vaisseau de guerre où il étoit Officier avoit été mis à terre avec sa seule épée sur les côtes de la nouvelle Angleterre. Il avoit erré dans cette derniere Province pendant quelque temps, & s'étoit joint ensuite aux Iroquois, ausquels ayant appris à faire des especes de boucliers de peaux d'orignacs à l'épreuve des armes à feu, il avoit souvent avec eux battu les François. Après cela se repentant de faire la guerre à sa nation, il étoit rentré dans le service de France, en acceptant un bon parti qu'on lui avoit fait pour l'ôter à ces sauvages.

Nous devinmes bientôt amis cet Officier & moi. Il m'associa dans le commerce qu'il faisoit à Quebec où il envoyoit de temps en temps des peaux de Castors & d'Orignacs que les Sauvages lui fournissoient pour de la clincaillerie, du vin & de l'eau-de-vie. Il nous menoit souvent à une demi-lieuë du Fort voir une habitation qu'il s'étoit menagée, & dont il commençoit à tirer un gros profit. Il y avoit fait défricher plus de trois cents arpens de terre, laquelle en ce lieu-là s'étoit trouvée plus forte & moins noire que dans le reste du pays. Le froment qui en provenoit étoit fort beau. Il en vendoit une partie ; nous mangions le reste au Fort, & nous en remplissions notre petit magasin.

Mademoiselle du Clos qui

avoit un esprit adroit & fertile en expédiens, lui conseilla de faire un petit Gonnesse de son habitation, en y faisant faire du pain pour les François du voisinage, lesquels faute de sçavoir boulanger mangeoient moins de pain que de viande & de légumes. Ce conseil parut très sensé au vieux Maloüin, qui la pria de se charger avec notre hôtesse de l'exécution de ce projet. Elles mirent aussitôt toutes deux les mains à la pâte, & les premieres cuissons répondirent si bien à notre attente qu'on fut obligé d'en augmenter le nombre de jour en jour. Quantité de fainéans qui mouroient de faim dans le pays voyant qu'ils trouvoient du pain cuit moyennant des peaux de Castors & d'Orignacs, s'adonnerent à la chasse pour pouvoir venir à notre habitation comme à un marché se pourvoir d'une provision si necessaire. Au bout de six mois nous avions tant de pratiques que nous recevions cent peaux par semaine. Si nous avions avec cela pû tirer de Quebec autant de vin & d'eau-de-vie que nous en eussions pû debiter, nous aurions fait une fortune considerable.

Mais le caractere vif & entreprenant de Mademoiselle du Clos ne nous permit pas de continuer ce commerce. Elle rouloit dans sa tête un dessein important dont elle me faisoit un mystere. Notre Hôtesse la menoit quelquefois sur les Terres des Hurons, dont les premieres Cabanes n'étoient qu'à une journée de notre Habitation, & elles y troquoient des ustenciles contre des pelteries. Mademoiselle du Clos prenoit plaisir à passer des deux & trois jours avec ces Sauvages ; ce que la veuve lui avoit appris de leur langue lui suffisant pour s'en faire entendre. Elle leur enseignoit l'usage qu'ils devoient faire des choses qu'elle portoit chez-eux ; & comme elle ne leur parloit que de ce qui pouvoit contribuer à leur rendre la vie moins dure, ils l'écoutoient avec une avide attention. Enfin elle eut l'adresse de gagner leur confiance à un point qu'un jour après en avoir demeuré quinze dans une de leurs cabanes, elle revint nous joindre avec deux filles d'un des principaux de ces Hurons qui les lui avoit confiées pour les instruire des usages d'Europe les plus utiles dans le ménage ; à quoi elles avoient une disposition surprenante.

C'est ainsi que pour ne m'être plus à charge Mademoiselle du Clos se préparoit une retraite, qui devint d'autant plus honorable pour elle, que ce fut l'ouvrage de son adresse. La réputation de son merite & peut-être encore plus de sa bonne volonté pour les Hurons se répandit chez ce peuple & fit une si vive impression sur les esprits, que les Chefs des Cabannes, lorsque cette Demoiselle y alla conduire ses deux Eleves au bout de six mois d'éducation, s'assemblerent & la contraignirent d'être leur Sakgame ou Souveraine.

Elle employa les premiers mois * de sa petite domination à sonder l'esprit de ses sujets, & lorsqu'elle eut tout lieu de penser qu'elle pouvoit compter sur leur attachement & leur fidelité, elle m'écrivit une longue Lettre qui portoit en substance : qu'elle avoit cru ne pouvoir mieux me prouver sa reconnoissance qu'en se mettant en état de m'épargner de nouvelles peines & qu'elle esperoit qu'un jour elle auroit occasion de me

* 1691.

faire

faire connoître que jamais l'ingratitude n'avoit trouvé place dans son cœur. Après bien des complimens, elle me prioit de donner desormais en échange à son peuple le plus que je pourrois de poêles, de marmites & surtout d'armes à feu. Ensuite elle me demandoit pour elle quelques boisseaux de froment avec de la graine de chanvre, de lin & de plusieurs sortes de legumes, en me faisant en même-temps present d'une quantité considerable de peaux, parmi lesquelles il y en avoit plusieurs de Castors blancs qui sont les plus cheres & les plus rares. Je fis très exactement sa commission & je joignis aux choses qu'elle attendoit de moi quelques barils d'eau-de-vie, dont je crois que la distribution lui gagna bien des cœurs, car pour de l'eau-de-vie on fait tout ce qu'on veut de ces peuples.

Tome II. C

Le Capitaine du Fort mon associé perdit beaucoup au départ de Mademoiselle du Clos, qui dans le peu de temps qu'elle avoit eu soin de son habitation, lui avoit entierement fait changer de face. Aussi vouloit-il m'engager à revendiquer mon épouse & à la redemander plutôt à coups de mousquet que de l'abandonner ainsi aux Hurons ; mais quand elle auroit effectivement été ma femme, je n'aurois pas été assez sot pour faire le Menelas qui ne trouve guere aujourd'hui d'imitateurs.

N'ayant plus Mademoiselle du Clos, je devins moins utile à mon associé, qui me fit sentir qu'il seroit bien-aise de rompre la Societé. J'y consentis fierement, quoiqu'assés embarassé du moyen dont je me servirois pour faire quelque chose pour mon compte. J'eus recours au Reverend Pere Recolet mon protecteur, qui me rendit encore service en faisant à Quebec mes emplettes de marchandises d'Europe qu'il m'envoyoit au Fort pour les échanger contre des pelleteries. J'eus bientôt sujet de m'aplaudir d'avoir rompu la societé. La Sakgame prit soin de m'adresser ses Sauvages, qui firent abonder chez moi toute sorte de peaux.

La jalousie qu'en conçut le Capitaine du Fort pensa me perdre. Il sentit la faute qu'il avoit faite, & bien loin de chercher à la reparer par des démarches d'honnêteté qui nous auroient infailliblement reconciliés, il commença par me traverser en empêchant qu'on ne nous envoyât davantage des armes à feu, sous prétexte que les Hurons pourroient dans la suite s'en servir contre nous. Je lui en fis des reproches dont il se mocqua. J'en donnai avis à Mademoiselle du Clos, qui sçut mieux que moi l'en punir. Par la premiere Caravanne qui nous apporta des peaux, on ne manqua pas de demander des armes à feu. Je répondis pour moi qu'il ne m'en venoit plus, quoique j'en demandasse préférablement à toute autre chose. Le Maloüin ne répondit pas si poliment aux Sauvages; il leur dit d'un ton brusque qu'on leur en avoit assez fourni & qu'ils n'en devoient plus attendre. Les Hurons à cette réponse, suivant les ordres qu'ils avoient, rechargerent aussitôt leurs marchandises & les remporterent chez eux jusqu'au temps de se joindre au gros de leur nation qui porte une fois tous les ans ses pelleteries à Montreal dans deux ou trois cens Canots avec les Atahoüets & autres peuples.

Le Maloüin me soupçonna d'être complice de ce manege ; & ne se faisant pas scrupule de se rendre justice lui-même, j'eus beau me tenir sur mes gardes, il pensa m'en couter la vie. Il me fit un jour manger d'une racine que je pris d'abord pour une trufle. Il fit semblant d'en manger le premier, & en loüa beaucoup la bonté. Je fus la dupe de ses loüanges, & je serois mort à table, si un Soldat qui étoit present & qui connoissoit le remede dont j'avois besoin ne me l'eût fait prendre aussi-bien qu'au traître, qui copioit parfaitement bien les contorsions que ce fruit empoisonné me faisoit faire. Toute la difference qu'il y avoit entre le Capitaine & moi, c'est que le poison me causoit une enflure qui passoit le talent de l'imitation.

La guerre affreuse que Loüis XIV.* avoit alors sur les bras, influa sur nous & interrompit notre

* 1692.

Commerce. Nous demeurâmes tout défœuvrez. Ceux qui poffédoient des Habitations s'occupoient à les rendre plus commodes & plus agréables. Cela m'infpira l'envie d'en avoir une, quoique j'euffe intention de ne m'arrêter dans ce Pays que pour y amaffer dequoi vivre honorablement en Europe. Le terrain que je choifis & qui me fut accordé moyennant un droit médiocre que je payai fuivant l'ufage, n'avoit pas une grande étenduë. Il étoit fitué entre une coline où venoit aboutir une Foreft d'arbres d'une groffeur extraordinaire, & une petite Riviere qui fe jettoit dans le fleuve Saint Laurent entre le Lac Ontorio & Montreal. Outre la beauté du lieu, je voyois à un mille de-là fix ou fept familles Françoifes bien établies, & dont je jugeois que le voifinage me feroit d'un grand secours. C'est ce qui me fit préferer cet endroit à tout autre.

Je découvris dans la suite que mes voisins étoient de bons Protestans qui ne vouloient pas le paroître. Il y avoit plus de trente ans que leurs peres & meres ayant eu occasion de chercher une retraite si éloignée, s'y étoient refugiez avec de grandes richesses. Aussi étoient-ils logez très commodément, & chacune de leurs maisons dans les courses des Sauvages étoit plus seure que notre Fort même. Ce qui achevoit de rendre ce Sejour tout gracieux, & de le mettre à couvert de toute insulte, c'est que six ou sept cent François dispersez aux environs en faisoient leur asile ordinaire. Je trouvai là plusieurs jeunes gens avec qui je passois le temps à chasser ou à pêcher, quand je n'étois pas occupé à planter, à semer ou à faire bâtir. Telles furent mes occupations pendant deux ou trois années. Je n'allois au Fort précisément que pour m'acquiter des fonctions dont j'étois chargé par mon Emploi.

Notre Riviere nous fournissoit du poisson excellent & en abondance. De plus on y voyoit plusieurs especes d'oiseaux & principalement des Outardes. Notre chasse remplissoit nos cuisines de bonne viande, & nos magasins de pelleteries. Les Bois voisins étoient remplis de Chevreüils moins gros, mais bien meilleurs que ceux d'Europe. Je puis dire que j'étois là dans un Pays de bénédiction.

Pendant que je vivois ainsi dans ma maison de Campagne, je ne reçûs que deux ou trois fois des nouvelles de Mademoiselle du Clos, attendu que les Hurons craignant qu'elle ne les quittât, l'avoient priée de s'éloigner de nos Frontieres, & d'établir sa demeure au centre de leurs Habitations. Elle me mandoit par sa derniere Lettre qu'elle seroit charmée de me voir : que si je voulois lui faire le plaisir d'aller passer quelques jours avec elle, ses Messagers sçauroient bien me conduire par des chemins moins rudes que ceux que nous avions faits ensemble. Un des jeunes voisins de mon Habitation auquel je fis part de cette Lettre, me voyant irrésolu sur ce voyage, me pressa si fortement de le faire & de le mener avec moi, qu'il m'y détermina. Je lui promis de partir après avoir fait un tour au Fort, où j'étois bien-aise de me montrer auparavant.

Un des Messagers de Mademoiselle du Clos s'étant détaché des autres pour lui porter la nouvelle de mon prochain départ pour sa Cour, fit si grande diligence que le deuxiéme jour de notre marche, quoiqu'il eût eu plus de soixante lieües à faire, nous rencontrâmes une escorte qu'il amenoit au-devant de nous, & qui nous conduisit plûtôt en Ambassadeurs qu'en simples particuliers. Je ne doutai plus alors que cette Demoiselle n'eût une grande autorité sur ce peuple. J'en fus surpris, mais mon étonnement augmenta bien encore, quand j'approchai du lieu de sa residence.

Je vis des plaines cultivées, des cabanes bâties solidement, des Villages peuplez de gens de differentes professions. Cette personne adroite & politique avoit rassemblé tout ce qu'elle avoit pû trouver parmi ses Sauvages de François prisonniers que ce peuple gardoit quelquefois pour apprendre d'eux l'art de faire la guerre, ou de Soldats deserteurs qui s'accommodoient mieux de la vie libre que de la discipline militaire de leur nation. La Sakgame par le moyen de ces Etrangers avoit établi des especes d'Ecoles où les Hurons pour la plûpart s'exerçoient & réüssissoient parfaitement aux arts les plus utiles à la Societé. Une vingtaine de Cabanes construites autour de celle de la Souveraine sembloient plûtôt une Bourgade dans ces deserts qu'une Habitation de Sauvages. Ces Cabanes sont fort longues, elles contiennent chacune cinq ou six familles, & chaque famille souvent est composée de deux cens personnes. Comme on pouvoit appeller cet endroit la Capitale du Pays, on n'y manquoit de rien, & la Police y étoit telle que les Chefs de toutes ces Cabanes s'assembloient chaque jour chez la Sakgame pour tenir Conseil avec elle sur ce qu'ils avoient à faire pour le bien Public.

Comme ami de leur Souveraine, je fus reçu avec des acclamations étonnantes. Elles étoient étonnantes en effet & paroissoient plus propres à effrayer qu'à faire honneur. Le jeune homme qui m'accompagnoit m'avoüa dans la suite qu'il en avoit eu peur, & qu'il s'étoit imaginé que ces Sauvages s'aplaudissoient par ces cris de nous avoir entre leurs mains & qu'ils alloient par notre mort déclarer la guerre aux François.

La Sakgame avoit trop de prudence pour ne pas suivre les coutumes de ses sujets dans les choses indifferentes. Quand nous nous presentâmes devant elle, nous la trouvâmes parée de coliers, de bracelets, de plumes & de fourrures. Il fallut pour nous empêcher de rire d'un attirail si bizarre qu'elle gardât l'air serieux & imposant qu'elle avoit. Les anciens de la nation étoient à ses côtez & conservoient aussi une gravité surprenante. Ils portoient de riches robes de pelleteries qui sembloient donner un nouveau ridicule à leurs figures étranges & grotesques. Nous ne pouvions pas dire d'eux ce que Cineas dit à Pirrhus des Senateurs Romains. Nous crumes plutôt voir de vieux Singes que des Rois.

Après les premiers complimens & le ceremonial Huronique que la Souveraine observa fort fidelement, elle m'adressa la parole, me dit qu'elle mettoit la peine que j'avois prise de la venir voir audessus de tous les services que je lui avois rendus; qu'elle me prioit de trouver bon que pour ce jour là & surtout pour le repas en cérémonie que nous prendrions ensemble avec les principaux de la nation, elle se conformât à leurs usages, & de vouloir bien en faire autant nous-mêmes pour l'amour d'elle. Ce que nous lui promîmes d'executer de point en point. Nous commençâmes donc le festin par fumer, après avoir adressé ces mots au Soleil : *Tien, Soleil, fume.* Car ils n'oseroient toucher au calumet sans avoir auparavant prié le Soleil de fumer le premier. Mais cet astre aussi poli que ces Sauvages ne l'accepte jamais. Ce n'est pas qu'ils adorent le Soleil, ni qu'ils le croyent animé. On ne sçauroit même dire qu'ils ayent la moindre teinture de Religion. Au reste ils sont fort exacts à suivre les coutumes qu'ils tiennent de leurs anciens, & celle-là en est une des plus sacrées.

Nous fûmes assez bien traités à la maniere de France. Nous mangeâmes aussi par complaisance de plusieurs mets aprêtés à la mode du pays. Leur fagamité fut fort de mon goût; c'eſt une boüillie très differente de celle que nous faiſons de froment. Les vieillards n'eurent pas plutôt leurs portions dans leurs ouragans ou écuelles qu'ils ſe mirent à manger en gardant un profond ſilence. Nous fûmes obligez de les imiter pour donner notre attention à un jeune homme qui chanta pendant tout le ſouper à la place de Mademoiſelle du Clos, car quand on regale quelqu'un, l'hôte chante à ſa loüange tout ce qui lui vient dans l'eſprit; & comme elle ne ſçavoit pas encore bien la langue, il avoit été decidé qu'un des Officiers chanteroit pour elle. Je ne ſçai pas trop ce que ce chanteur put dire à notre honneur & gloire. Il nous loua peut-être ſur notre adreſſe à prendre des Caſtors ſous la glace, ou ſur le nombre des Ennemis que nous avions tuez, écorchez & dévorez.

J'aurois tort d'oublier que parmi les mets qui nous furent servis, il y en eut un auquel mon Camarade & moi nous ne fûmes nullement tentez de toucher. C'étoit cependant le plat d'honneur. C'étoit comme le veau gras par la mort duquel ils célébroient notre arrivée. Enfin c'étoit le morceau le plus friand, le plus précieux & le plus estimé parmi eux. Cette piece n'ornoit leurs tables que dans les grandes cérémonies, & passoit pour la plus éclatante marque de distinction qu'ils pussent donner à des Hôtes dignes de tous leurs égards. En un mot ce plat si rare & si distingué des autres étoit un animal nommé chez-eux *Chacora*, & chez-nous appellé Chien, qu'ils avoient fait rôtir, pour que rien ne manquât à la splendeur & à la magnificence du Banquet.

Nous couchâmes dans la Cabane où logeoient les François. J'y vis une forge, un attelier de Charpentier, plusieurs fours à cuire du pain, & un pour la poterie de terre. On nous mit des draps à la Françoise sur des nattes faites de pailles de bled d'Inde, & couvertes de laine frisée de bœufs sauvages. Ce qui valoit bien des matelats. Nous ne fûmes pas encore bien libres les jours suivans, qu'il nous fallut employer à honorer de notre présence les divertissemens dont les Anciens voulurent nous régaler en faisant danser devant nous leur jeunesse de l'un & de l'autre sexe & faire leur exercice Militaire aux garçons les plus robustes avec les armes à feu. Ce qu'ils commençoient à executer passablement bien.

On nous conduisit pareillement en ceremonie à deux Forts que la prudente Sakgame avoit fait bâtir du côté du Lac Ontorio dans deux défilez par où les Iroquois étoient obligez de passer pour venir à eux. Ces Forts, quoiqu'ordonnez & conduits par un Soldat qui n'avoit aucune teinture des regles de la fortification, ne laissoient pas d'être assez reguliers selon le terrain, & si bien situez qu'on n'en pouvoit approcher que par un seul endroit défendu par deux petits Bastions, & palissadé de pieux de douze pieds de haut ; le tout bordé d'un bon Parapet, d'où cent hommes à couvert en pouvoient accabler mille dans un Pays où il n'y avoit point de canons.

Nous apperçûmes en même temps des terres herissées de froment, d'autres de mays, de pois, de légumes & de chanvre, sans parler des colines entierement défrichées & chargées de tabac. Ici des vignes sauvages détachées des arbres qui les soutenoient, & provignées à la maniere des Européens se présentoient à la vûë ; là des Pépinieres, ou pour mieux dire des Forests de jeunes Châtaigniers, de pomiers & de noyers frapoient les regards, & les occupoient fort agréablement.

J'en marquai de la surprise à Mademoiselle du Clos, qui me dit : Vous ne voyez encore rien. Tout cela n'est qu'une ébauche de ce que j'ai envie de faire. Si vous demeuriez dans ce Pays-ci, & que la France vous fût aussi indifferente qu'à moi, vous verriez dans dix ans le Canton de mes bons amis aussi beau que la plus fertile des Provinces. À ces mots, se tournant vers les Chefs des Sauvages elle leur répeta dans leur baragoüin ce qu'elle venoit de me dire en François ; à quoi ils répondirent tous par une exclamation qui signifioit : *Ah que cela est bien dit !*

A la fin ces bonnes gens nous laisserent en liberté d'abord que leur Sakgame les eut priez de ne se plus gêner en nous accompagnant sans pouvoir entendre nos conversations. Si la langue Françoise étoit de l'Hébreu pour eux, en récompense elle étoit assez familiere à une douzaine de jeunes filles qui étoient aux côtez de leur Souveraine, & lui faisoient une petite Cour fort galante. Surtout les deux qu'elle avoit amenées à notre Habitation, la sçavoient bien, & l'enseignoient aux enfans de leur Cabane. Une seule chose nous scandalisa dans la conduite de ces filles : elles avoient avec nous des manieres si peu mesurées, qu'elles sembloient nous faire l'amour. Ce qui redoubla notre étonnement, c'est que Mademoiselle du Clos qui étoit témoin de leurs agaceries, bien loin de s'en offenser, paroissoit les autoriser. Elle rioit en elle-même de notre surprise, & devinant bien que nous étions curieux d'en apprendre la cause, elle nous la dit un jour en nous promenant dans une Isle aussi fertile qu'agréable, que son Soldat Ingenieur faisoit fortifier au seul endroit où elle n'étoit pas inaccessible.

Avoüez-moi la verité, Messieurs, nous dit-elle, n'est il pas vrai que vous ne sçavez que penser des airs libres que je laisse prendre à mes filles: quoique je les cherisse autant qu'une tendre mere aime ses enfans, je ne puis toutefois trouver à redire à ce qu'elles font; & je suis assurée que vous ne les condamnerez plus vous-mêmes, quand vous serez informez de l'état malheureux où mes Sauvages sont redits. Croirez vous bien que de cinq à six mille personnes que contiennent les trois Habitations qui comme celle-ci me reconnoissent pour Sakgame, & qui font près du tiers des Hurons, il n'y a pas présentement quatre cents hommes capables de porter les armes ? Les Iroquois leurs voisins ont détruit les trois quarts de cette nation, & privé l'autre quart dans la derniere guere de ses meilleurs défenseurs, je veux dire de tout ce qu'il y avoit de jeunesse propre à combatre vigoureusement. N'avez-vous pas remarqué qu'ici les hommes sont presque tous au-dessous de vingt ans, ou bien au-dessus de cinquante, & qu'il y a du moins dix fois plus de femmes que d'hommes. Jugez donc si dans cette situation mon peuple n'est pas interessé à chercher les moyens de se conserver.

D'ailleurs poursuivit la Sakgame, le mariage n'est point regardé dans ce Pays comme un engagement qui vous lie pour toujours. On se marie aujourd'hui & demain l'on se quitte. Qu'un mari soit absent, sa femme en prend un autre qu'elle garde jusqu'à son retour ; est-il revenu ? Elle renvoye celui des deux qu'elle aime le moins. Ce n'est pas, Messieurs, ajoûta-t-elle en souriant, que j'exige de votre complaisance que vous entriez dans les vûës politiques de mes Sauvages aux dépens de votre Religion. Je ne vous rapporte ceci que pour justifier le peu de retenuë des filles de ma suite. Je ne puis cependant vous cacher que les Chefs de mon Conseil doivent vous prier de ne pas dédaigner de prendre pour femmes pendant que vous serez dans ce sejour celles que vous trouverez le plus à votre gré ; si vous leur accordez cette grace, vous les verrez respectées, cheries & nommées l'apui de la nation.

Le jeune homme qui m'accompagnoit dans ce voyage, & qui de son naturel n'étoit pas fort scrupuleux, parut un peu ému de cette peinture, & pénétré du ravage qu'avoit fait dans ce Pays un déluge d'Iroquois, ce nouveau Deucalion auroit volontiers contribué à réparer ce malheur ; mais quelle que fût sa bonne volonté là-dessus, j'eus assez de pouvoir sur lui pour l'empêcher d'être si charitable en lui faisant observer que cette liberté de contracter des mariages de deux jours n'étoit dans le fond qu'un vrai libertinage pour les François.

Dans un autre entretien que j'eus avec Mademoiselle du Clos, je lui contai mes broüilleries avec le Commandant du Fort, le danger que j'avois couru en mangeant avec lui, & je lui fis la description

description de la retraite que j'avois choisie pour me mettre à couvert des trahisons de cet Officier. Elle m'aprit de son côté tout ce qu'elle avoit fait depuis notre séparation, & je l'admirai dans toutes ses démarches. Quand votre peuple, lui dis-je, seroit cent fois plus nombreux qu'il n'est, il ne seroit pas moins soumis à une Sakgame telle que vous. Effectivement sa politique dans les moindres choses, sa prudence à ne proposer que des changemens utiles dans les usages du pays, son adresse à ménager son credit en suivant elle-même des coutumes qu'elle n'approuvoit pas, pourvû d'ailleurs qu'elles fussent indifferentes pour le bonheur ou le malheur de ces bonnes gens, tout cela supposoit un genie superieur & capable de tout.

Je lui demandai un jour pourquoi aucun François ne logeoit dans sa cabane. Je n'ai garde, me répondit-elle, de les tenir auprès de moi, ni même de leur parler jamais en particulier ; premierement parce que je ne veux plus paroître Françoife, ni donner aux efprits inquiets la moindre occafion de penfer que je fonge à quitter ce pays-ci ; la feconde raifon que je veux bien vous avoüer, quoi qu'avec quelque peine, c'eſt que j'ai plus de confiance en mes fujets qu'en ceux de Loüis XIV. Non, Monfieur, je ne dormirois pas fi tranquillement que je fais, fi je me voyois à la merci de perfonnes qui font ici tous les jours des actions perfides. Ce qui n'eſt pas à la verité fort furprenant, puifque fi vous en exceptez un petit nombre, les François qu'on envoye en Canada font tous des libertins chaffez de leur patrie comme des perturbateurs du repos public.

Je vous dirai encore, ajouta-t-elle, que j'ay pris pour mes Hurons une tendresse qu'ils meritent bien. Vous ne sçauriez croire combien de pleurs, de cris & de gemissemens leur a couté une legere maladie que j'eus il y a quelque temps, tandis que les François qui sont dans cette habitation comptoient peut-être ce qui pourroit leur revenir de mes dépoüilles. Aussi je distingue bien les uns des autres. Je ménage les François, parce que j'ay besoin d'eux, mais sitôt que je pourrai m'en passer, je n'en garderai que trois ou quatre que je connois pour très-honnêtes gens & qui sont dès à present comme mes Conseillers, puisqu'ils donnent dans mon Conseil leurs avis de même que les anciens de la nation. Les deux principaux sont le Soldat que vous avez vû occupé à faire fortifier l'Isle dont je prétends qu'on faſſe un aſile ſeur en cas d'irruption de la part des Iroquois ; le ſecond eſt un Breton fort entendu & par l'avis duquel nous nous gouvernons pour ameliorer le pays. Le premier eſt mon Miniſtre de la guerre, & l'autre mon Chancelier.

C'eſt celui-ci qui a fait tranſplanter dans ces lieux quantité de vignes ſauvages qu'on trouve vers le Lac Ontorio. Il a même fait cueillir là tant de raiſin qu'il nous en a fait une groſſe proviſion de vin. Veritablement c'eſt un vin ſi rude qu'il n'eſt pas potable ; mais il ne nous en eſt pas moins utile, nous en faiſons de l'eau-de-vie, qui ſupplée à celle qu'on alloit prendre à votre Fort avant notre broüillerie avec le Commandant. Mon Breton m'aſſure qu'il tirera encore de l'eau-de-vie de la lie du cidre, qu'il prétend faire des fruits de plusieurs milliers de pommiers que nous avons & dont il a choisi les plus beaux pour enter dessus de bonnes espèces de fruits qu'il a fait chercher jusqu'à Montreal & à Frontenac.

Ce n'est pas tout, continua-t-elle, avant mon arrivée les femmes qui sçavoient filer au fuseau, faisoient de cette façon des capuchons, des couvertures de lit & des bandes en forme de jupons fort courts, le tout avec cette belle laine de Cibolas ou bœufs sauvages que nous avons ici : mais depuis que j'ai fait semer du chanvre*qui vient admirablement bien dans ce pays, j'ai introduit l'usage du linge, & il n'y a plus personne dans cette habitation qui ne porte des chemises, à la reserve des jeunes gens quand ils vont à la chasse surtout des Cibolas ; comme ils s'écartent alors & vont

* 1695.

fort loin vers le sud-ouest, ils ne veulent porter que leurs armes.

Si quelque chagrin interrompt le cours des plaisirs que je prends à contempler mon ouvrage, c'est que je ne vois personne à qui je puisse inspirer l'attachement que j'ai pour mon habitation & qui soit capable d'achever de la rendre heureuse ou du moins de l'entretenir après ma mort sur le pied où je l'aurai laissée. Cette reflexion m'afflige d'autant plus que mes Sauvages se montrent plus reconnoissans du peu que j'ai fait pour eux ; leur bonne foi, leur simplicité, leur bon cœur me les rendent si chers, que si l'on m'en séparoit, je quitterois sans balancer ma famille & ma patrie pour les venir rejoindre.

Je ne suis nullement étonné de votre extrême tendresse pour eux, interrompis-je en cet endroit ; tant je suis persuadé qu'il est doux, dans quelques lieux qu'on soit, d'être honoré & comme adoré d'un peuple nombreux. Je ne sçai si l'amour propre n'entre pas pour quelque chose dans votre amitié pour ces bonnes gens. Vous n'en devez pas douter, reprit Mademoiselle du Clos; il y trouve parfaitement son compte. Je vois avec une satisfaction singuliere le respect & l'amour qu'ils ont pour moi. Imaginez-vous ces autoritez despotiques qui se font obéïr d'un coup d'œil: telle est la mienne & j'ose dire encore plus agréable, puisqu'elle est fondée seulement sur l'affection & non sur la crainte.

Je remarque même tous les jours qu'en bien des choses ils vont au devant de ce qu'ils croyent devoir me faire plaisir, & pour se conformer à mes manieres ils s'écartent des leurs. C'étoit par exemple une coutume établie parmi eux d'entrer les uns chez les autres & de s'y asseoir à la premiere place qu'ils trouvoient sans dire mot ni se faire la moindre politesse, présentement ils s'entresaluent en inclinant un peu la tête & en souriant, parce qu'ils ont observé que c'est ainsi que j'en use avec eux quand ils m'abordent.

Ceux qui m'approchent le moins & qui sont à cinquante ou soixante lieuës d'ici ne m'appellent que le bon Esprit, & l'amie du grand Onuntio d'en-haut. Ils me donnent ce nom depuis que les voyant dociles sur la connoissance de Dieu, je les ai accoutumez à ne point commencer d'entreprise considerable sans lever les yeux au Ciel, pour demander l'assistance du grand Onuntio qui a fait le Ciel, la terre, le soleil, la lune & tous les astres, qui nous a créez pour l'adorer & l'aimer,

& qui ne veut pas que nous faſſions de mal. Ce qu'ils obſervent aujourd'hui fort religieuſement, tant en ma préſence qu'en mon abſence. Ce qui fait voir combien il ſeroit aiſé de leur faire embraſſer le Chriſtianiſme, ſi les Miſſionnaires qui l'entreprennent y apportoient autant de prudence qu'ils ont de zele pour la gloire de Dieu ; mais ces nouveaux Apôtres ſe regardant comme Martyrs dès qu'ils mettent le pied ſur ces terres, & renonçant à la vie, prennent effectivement toutes les meſures poſſibles pour arriver à ce but. Au lieu de paroître d'abord ne vouloir que le bien temporel de ces Sauvages pour les conduire inſenſiblement au ſpirituel, ils débutent par déclamer contre leur Religion dans des termes qui révoltent ces malheureux, qui s'imaginent entendre des blaſphêmes, & par leur prêcher des

D v

veritez abstraites comme si des hommes grossiers pouvoient les comprendre. Comment ces Auditeurs tout materiels croiront-ils des Mysteres, eux qui ne sçauroient croire d'autre bonheur au Pays des morts, à ce qu'ils disent, que celui de n'y avoir point de froid, d'y trouver de meilleur mays, de l'eau-de-vie à discretion, des chasses où le gibier se presentera de lui-même aux Chasseurs, & aura un goût exquis ; & enfin une paix éternelle avec les François & les Iroquois.

Cependant quoique mes Hurons pensent de cette sorte, je ne crois pas qu'il soit impossible d'en faire de bons Chrétiens. Si vous pouvez m'envoyer quelque habile Missionnaire qui veüille ne rien précipiter, ne rien faire à sa tête, en un mot suivre mes conseils, je lui sauverai le martyre, & l'aiderai à convertir ce Canton de Sauvages. C'est dequoi je vous prie d'informer le Pere Recolèt notre Protecteur, & de lui mander en même temps que je travaille pour le Service de Dieu & pour celui du Roy en travaillant pour le bonheur de ce Peuple. Que ce grand Monarque le garantisse seulement de la fureur des Iroquois, & je réponds du reste. Priez aussi sa Reverence de ne rien épargner pour effacer les mauvaises impressions qu'ont pû faire sur l'esprit du Gouverneur les plaintes de quelques Missionnaires au sujet des Hurons, qu'ils ont voulu faire passer pour un peuple inconstant, perfide, & barbare, pour s'être conduit suivant les usages de sa nation reçûs des Anciens. Les Hurons, a-t-on dit, ont tué, ont mangé les prisonniers qu'ils ont faits quand on a tenté des descentes sur leurs côtes. Ce sont donc les Sauvages les plus cruels, des Anthropophages, des Monſtres… Eh ! bon Dieu devoient-ils faire autrement ? Jugeons-en ſans prévention.

Ils voyent arriver chez eux des ennemis qui n'ont à leurs yeux rien que de terrible, de monſtreux, de ſurnaturel, qui conduiſent ſur les flots une Habitation toute entiere, qui ont des tonneres à leur diſpoſition, & ſont preſque invulnerables. Que de prodiges ! Le moyen de n'en être pas épouvanté ! Si les Hurons en défendant leurs vies ont le bonheur de ſe ſaiſir de quelqu'un de ces redoutables ennemis, pourquoi ne les tueront-ils pas pour s'en défaire ? Il y auroit de l'imprudence à l'épargner. Oüi, mais, dira-t-on, pourquoi le manger ? Hé, pour quelle raiſon voulez-vous qu'ils ne le mangent pas ? C'eſt leur coutume de traiter ainſi les ennemis qu'ils peuvent prendre. Trouverions-nous bien raisonnable un Chasseur qui n'ayant jamais vû que des perdrix rouges n'en tueroit pas une grise qui viendroit dans son Canton, ou qui l'ayant tuée & la voyant grosse & grasse l'enfoüiroit plûtôt que de la manger ? Nous ne jugerions jamais témerairement si laissant là nos préjugez, nous nous mettions à la place de ceux de qui nous voulons être les Juges.

Si les peuples de ce nouveau monde nous prévenant dans l'art de la navigation étoient venus les premiers à la découverte de nos côtes, que n'auroient-ils pas eu à raconter de la France à leur retour chez-eux ? Ayant découvert au Nord-Ouest une Terre inconnuë, diroient-ils, nous résolûmes d'y descendre pour en prendre possession au nom du Chef de notre nation, & d'y faire adorer nos Dieux. Quelques Pêcheurs dont nous tâchames de nous saisir pour nous informer du Pays & des peuples qui l'habitoient, s'étant enfuis sur une grosse Habitation voisine, ces Barbares au lieu de nous offrir du tabac & du mays, ou du moins de nous laisser chasser & prendre de l'eau, firent pleuvoir sur nous une grêle de gros cailloux noirs & ronds qui nous renversoient, sans que nous vissions les gens qui nous les jettoient. Ce n'étoit que fumée, éclairs & coups de tonnerre épouvantables. Ceux des nôtres que nous avions mis à terre se sentant frappés & ne sçachant contre qui se deffendre, regagnerent nos Canots & prirent le large. Alors plusieurs de ces Sauvages sortirent de dessous leur Habitation comme les bêtes farouches sortent de leurs antres quand la nuit commence. Il nous parurent tout couverts de peaux de differentes couleurs, d'une figure extraordinaire & vêtus de façon qu'on diroit qu'ils doivent avoir de la peine à se remuer. Ils examinerent attentivement nos morts étendus sur le rivage, & au lieu d'en manger la chair encore toute fraîche, ils les enfoüirent sous terre ignominieusement, les méprisant plus que les orignacs & que les moindres bêtes de leurs forêts.

La necessité d'avoir de l'eau & des vivres nous obligea neanmoins à prendre terre à quelques journées de là dans un lieu qui sembloit desert & où pourtant nous fûmes bientôt entourés de figures semblables aux premieres, mais moins farouches. Nous ne vîmes que leurs visages & leurs mains dont ils n'ont pas l'esprit de cacher la couleur blanche & livide en la couvrant des diverses peintures que nous sçavons si bien mettre en œuvre. Nous leur presentâmes le calumet de paix &

nos plus belles peaux, après quoi ils nous aborderent en nous parlant dans une langue bizarre & dont nous n'entendîmes pas un mot. Nous leur fîmes toutefois comprendre par nos signes que nous avions besoin d'eau & de vivres. Ils nous apporterent d'une espece de sagamité cuite & dure dont ils mangerent les premiers & que nous trouvâmes assez bonne. Ils burent aussi devant nous d'une eau préparée & dont la couleur nous fut suspecte. Ils l'apportoient dans de petites peaux rondes, dures, transparentes & fort bien travaillées ; mais nous n'osâmes en boire & ils furent obligez de nous donner de l'eau dont nous remplimes nos outres.

Nous remarquâmes pendant quelques jours que nous mîmes à faire nos provisions, que ces Sauvages n'avoient point de Dieux ; du moins nous ne leur en vîmes pas porter à qui ils rendissent hommage. Ils ont cependant une veneration superstitieuse pour les sauterelles, les chauves-souris & les lezards, parce qu'ils nous empêchoient d'en manger. Il y a apparence aussi qu'ils croyent qu'après cette vie il n'y en a pas une autre dans le pays des morts ; car lors que quelqu'un meurt chez eux, fut-ce un de leurs Chefs, ils ne lui donnent ni mays, ni ustensiles, ni armes, pas même des Esclaves pour le servir dans l'autre monde.

Nous eûmes pitié de l'aveuglement de ces miserables. Nous les suivîmes un jour dans un lieu où ils portoient en chantant un de leurs morts, & que nous crûmes être un Temple. Nos Piaces nous avertirent d'y faire porter notre grand Dieu Widzipudzili qu'ils leur montrerent en les exhortant à reconnoître leur erreur, &

à profiter de l'avantage qu'ils avoient de pouvoir jetter la vûë sur le plus grand des Dieux ; mais bien loin de se prosterner devant lui comme nos Piaces, & de l'adorer avec eux ; ces impies eurent l'impudence de renverser d'une main profane ce Dieu terrible, de lui rompre les jambes & lui arracher les aîles : A ce spectacle, saisis d'une juste horreur, les Prêtres de Widzipudzili fondirent sur ces infâmes pour venger notre Dieu par leur mort & par le pillage du Temple ; mais moins forts que courageux, nos Piaces furent arrêtez & liez étroitement ; pour nous ayant promptement regagné nos Canots, nous échapâmes à ces furieux, mais nous eûmes le chagrin de voir avant notre départ nos généreux Prêtres dévorez par les flammes à la vûë de notre petite flote.

Je vous demande presentement,

ajouta Mademoiselle du Clos, si cette relation que feroit un Ameriquain seroit insensée. Non vraiment, lui dis-je, & vous ne plaidez pas mal la cause de vos Sauvages. Je ne m'étonne plus si vous vous plaisez ici. Vous voilà devenuë Ameriquaine. Vous preferez cette Habitation à Paris, votre Cabane au Louvre, & les Hurons aux François. Vous en dites trop, reprit-elle, ce seroit preferer un diamant brute à un poli ; mais au moins cela prouve que les Sauvages peuvent penser des François ce que les François pensent des Sauvages.

La Sakgame en cet endroit cessa de parler. Pour lui donner tout le temps de reprendre haleine, je me mis à faire son éloge en homme enchanté de son mérite : Ah, Mademoiselle, lui dis-je dans mon anthousiasme, quelle famille a eu le malheur de vous perdre, après avoir été assez heureuse pour produire une heroïne dont le nom doit devenir aussi fameux que celui des plus grands Conquerans ? C'est justement ce nom, s'écria-t-elle, c'est ce nom seul que je veux ménager par mon silence, pour ne pas reveler l'oprobre dont mes parens se sont couverts en me proscrivant avec tant d'injustice. Mademoiselle, repris-je, vous irritez ma curiosité en refusant aujourd'hui de la satisfaire. Songez que la Sakgame des Hurons n'est pas obligée de garder les secrets de Mademoiselle du Clos. Dailleurs que craignez vous ? me serois-je sans le sçavoir rendu par quelque indiscretion indigne de votre confiance ? Non, repartit-elle, je ne me défie point de vous, & je veux bien vous apprendre mes malheurs ; mais contentez-vous de cela. Ne cherchez point à connoître les personnes qui les ont causées & promettez moi que si jamais vous retournez en France, vous ne ferez aucune démarche pour les découvrir.

Je lui protestai que sa volonté me tenoit lieu de loi & qu'elle pouvoit compter sur ma discretion : He bien, me dit-elle alors, vous allez entendre des choses que vous aurez peine à croire. Mes parens ont tenu avec moi une étrange conduite ; c'est ce que je vais vous raconter le plus succintement qu'il me sera possible.

Mon pere avoit près de quarante ans lors qu'il épousa ma mere, qui étoit une jeune personne d'une noblesse égale à la sienne, mais d'une humeur aussi vive & aussi hautaine qu'il étoit flegmatique, simple & facile. Vous devez juger à ces traits qu'il n'avoit pas dans sa maison un pouvoir despotique. Ils passerent quelques années sans avoir d'enfans ; ainsi le premier qui vint au monde devint leur idole ; c'étoit un garçon. Je naquis dix-huit mois après lui & ma naissance fut suivie trois ans après de celle de mon second & dernier frere.

La préference qu'on donnoit en tout au fils aîné sur sa sœur fit son effet ordinaire, c'est-à-dire qu'elle nous brouilla tous deux dès notre enfance & fut cause que mes parens m'en aimerent moins. Je ne le sentis que trop, quoique je ne fusse qu'un enfant, & la jalousie s'empara si bien de moi, qu'il fallut me mettre au Convent pour avoir la paix au logis.

Je me trouvai parmi des Religieuses comme transportée dans un autre monde. J'aurois là facilement oublié que j'avois un frere plus cheri que moi. J'y aurois vû s'éteindre en peu de temps les foibles étincelles d'une jalousie encore naissante, si elle n'eut été rallumée à chaque instant par l'indiscrete amitié d'une femme qui m'avoit servi de Gouvernante & qui venoit me voir fort souvent. L'imprudente ne m'entretenoit que du bonheur de mon frere ; elle m'exageroit en pleurant les attentions qu'on avoit pour lui ; la quantité d'argent dont il disposoit, la beauté de ses habits, & enfin les caresses qu'il recevoit de toutes parts, tandis qu'entierement oubliée dans ma retraite, je n'avois rien qui me distinguât de la moindre Bourgeoise. Elle ajoutoit à cela qu'on avoit resolu de me faire Religieuse pour laisser à mon frere de plus gros biens. Ces discours m'inspirerent de l'horreur pour lui & pour le Monastere.

Notre Cadet qu'on avoit fait

Chevalier de Malthe, & qu'on traitoit auſſi mal que moi, en eut le même reſſentiment ſitôt qu'il fut capable d'en avoir. Il venoit aſſez ſouvent me faire viſite à la grille. Nous uniſſions nos chagrins, & tenions enſemble de petits conſeils, dont le réſultat étoit toujours que je devois refuſer l'habit de Novice qu'on ſe diſpoſoit à me faire prendre. Enfin, ma mere voyant qu'on me tourmentoit en vain pour vaincre la répugnance que je marquois pour cet état, me fit ſortir du Convent dans l'intention de m'obliger par de mauvais traitemens à demander de moi-même à y retourner.

Toute prévenuë que j'étois contre notre aîné, je ne laiſſai pas les premiers jours de rechercher ſon amitié; mais les complaiſances qu'on avoit pour lui, & le peu de cas qu'il voyoit faire de nous lui avoient gâté l'eſprit. L'air fier
&

& méprisant dont il recevoit mes avances & mes politesses, me choqua. Je m'en plaignis à ma Gouvernante & à mon jeune frere, à qui seuls je pouvois adresser mes plaintes. Ils partageoient mes peines. Le Chevalier particulierement en étoit pénétré. Il soûpiroit quelquefois d'impatience de se voir dans un âge à mesurer son épée contre celle de cet ennemi domestique ; & c'est de quoi il auroit été bien capable. Un jour que le vieux Gouverneur qui les élevoit tous deux, & qui n'avoit d'autre mérite que celui d'avoir sçu gagner les bonnes graces de ma mere, en faisant semblant d'aimer beaucoup l'aîné, donna le tort au Cadet dans une petite contestation que ces deux freres eurent ensemble, le Chevalier prit le Ciel à témoin de l'injustice qu'on lui faisoit, & se jettant l'épée à la main sur le Gouverneur, il l'auroit percé, si son épée, semblable à celle qu'on donne aux enfans, n'eut pas été sans pointe.

J'étois de mon côté exposée à souffrir tout ce que ma mere pouvoit inventer de mortifiant pour moi. Si mon pere ne nous haïssoit pas mon jeune frere & moi, il avoit du moins pour nous une parfaite indifference. D'ailleurs dequoi nous auroit servi son amitié? Le Mari n'étoit pas plus écouté que les enfans. Quand Madame étoit en colere, ce n'étoit pas lui qui trembloit le moins fort. S'il prenoit la liberté de parler, c'étoit pour dire… Madame à raison. Encore recevoit-il souvent pour prix de sa complaisance un ordre sec & concis de se taire, & d'attendre qu'on lui demandât son avis. Il y avoit néanmoins un temps où il perdoit sa timidité, quand il étoit plein de vin de Champagne, Monsieur parloit aussi haut que Madame; mais son courage s'évaporoit avec les fumées du vin. C'est à regret que je vous fais remarquer cette nouvelle qualité dans mon pere.

L'amitié que nous nous portions mon frere le Chevalier & moi, déplut à ma mere, qui pour nous ôter la consolation que nous trouvions à nous affliger ensemble, nous défendit de nous voir & de nous entretenir en particulier. Elle se doutoit bien que toutes nos conversations ne rouloient que sur les chagrins qu'elle nous causoit ; & elle croyoit par cette défense prévenir les complots que nous pourrions former contre son aîné. Ce procédé ne servit qu'à nous aigrir davantage, & prenant soin de bien cacher notre jeu, nous commençâmes à faire tout le mal que nous pouvions à notre ennemi commun. Nous profitions avec plaisir de toutes les occasions qui se présentoient de lui joüer des tours. Cet enfant gâté avoit beau s'attacher à conserver les riches habits dont on le paroit, ils n'étoient jamais huit jours sans être tachez ou déchirez. On grondoit l'Idole. Nous triomphions.

Il ne nous étoit pas permis d'entrer dans le cabinet de ma mere ; notre aîné seul avoit ce privilege. Il y entroit quand il lui plaisoit, & badinoit avec ses oiseaux. Nous guettions le moment de nous y pouvoir introduire après lui sans être vûs, & il arrivoit de là qu'il avoit laissé quelque cage ouverte, ou un Chat enfermé dans le cabinet. Une pareille étourderie lui attiroit des réprimandes qui nous ravissoient. Il faut avoüer que le plaisir de la vengeance est bien doux. Il n'y a point de maux dont il n'ôte ou ne suspende le sentiment. Aussi faut-il bien de la vertu pour y renoncer.

Mon frere aîné avoit deux Chiens de chasse qui faisoient ses délices. La mort de ces deux animaux si cheris auroit été un exploit digne du Chevalier, mais l'execution en étoit difficile. Il m'en parla comme d'un coup d'état, & la foiblesse que j'eus d'entrer dans la conspiration fut la cause de mon exil. Nous formâmes donc ce beau projet, dont toutefois il ne nous revint que la satisfaction d'avoir eu la douce esperance de nous venger. Qu'il y a de gens dans le même cas, & dont le ressentiment se borne à penser à ce qu'ils feroient si leur pouvoir répondoit à leurs desirs.

Je m'imaginai pendant quelque temps que le Chevalier avoit abandonné son dessein dont il ne me parloit plus, soit qu'il fût rebuté des obstacles qui s'y rencontroient, soit qu'il eut pitié des têtes proscrites qu'il ne laissoit pas

E iij

d'aimer, mais elles étoient encore plus cheres à son frere, & cela suffisoit pour l'empêcher d'écouter sa compassion. Un soir en sortant de table, il me mit entre les mains un paquet, & me dit assez bas: Tenez; voici dequoi les expedier promptement. Serrez cela. C'étoit, je croi, de l'arsenic en poudre qu'il venoit de recevoir, & qu'il craignoit qu'on ne trouvât dans ses poches pendant la nuit. Malheureusement pour nous le vieux Gouverneur qui n'étoit pas éloigné, entendit apparemment ce que le Chevalier venoit de me dire, car il alla rapporter ces paroles à mes parens. Il leur représenta sans doute que j'avois des intentions abominables, & le poison trouvé la nuit dans une des boëtes de ma toilette confirmant son rapport, mon frere & moi nous demeurâmes atteints & convaincus dans leur esprit d'avoir envie d'attenter fur leurs perfonnes.

Je m'aperçûs en me levant que le paquet n'étoit plus où je l'avois ferré. Je crus que le Chelier l'avoit repris, ce qui fut caufe que je ne m'en inquietai point & que je ne pris aucunes mefures pour détourner le malheur qui me menaçoit & que j'ignorois. J'achevois de m'habiller lorfqu'on me vint dire de la part de ma mere de me tenir prête à partir pour un Convent où elle avoit refolu de me conduire. Je me préparai à lui obéïr de bonne grace, regardant un Monaftere comme une prifon où je ferois encore moins malheureufe qu'au logis. Pendant qu'on faifoit des paquets de mon linge & de mes habits, je voulus aller dire adieu à mon pere qui étoit dans fon cabinet ; mais j'eus beau fraper à la porte, il n'ouvrit point & n'ofa me répondre, sans doute parce qu'on le lui avoit défendu. Je courus à la chambre du Chevalier pour le prier de me venir voir au Convent, je ne trouvai personne, & pour trancher d'inutiles circonstances, je montai dans un carosse de loüage avec ma mere & le vieux Gouverneur, qu'on appelloit du Clos. On me conduisit à une Messagerie où une chaise toute prête à rouler m'attendoit. J'entrai dedans avec le Gouverneur, & remarquant que ma mere se disposoit à s'en retourner: Madame, lui dis-je, avec émotion, quel est donc votre dessein: où Monsieur du Clos va-t-il me mener par votre ordre ? n'est-ce pas dans un Convent de Paris que vous vous êtes proposé de me mettre?

Non ma fille, me répondit froidement ma mere, je vous envoye à celui dont votre tante est Abbesse. Vous apprendrez sous les yeux d'une personne si vertueuse à vous confirmer dans des devoirs dont un plus long séjour dans la maison paternelle pourroit vous écarter. Adieu, Mademoiselle, vous avez dit tant de fois que vous étiez beaucoup moins mal au Convent qu'avec nous, que je crois vous faire plus de plaisir que de peine. Je ne sçavois quelle réponse je devois faire à ces paroles, & quand je l'aurois sçu, ma mere ne m'eût pas donné le temps de lui repliquer ; elle remonta dans le carosse de loüage, & nous nous éloignâmes l'une de l'autre avec un égal empressement.

La profonde mélancolie où je fus plongée depuis Paris jusqu'à la Rochelle où nous allions, causa bien de l'inquietude à Monsieur du Clos, qui s'imagina que je méditois quelque coup funeste pour lui. Il se tenoit jour & nuit sur ses gardes, & croyant que j'avois peut-être encore sur moi de l'arsenic, il avoit grand soin de me faire servir en particulier. Je suis sûre qu'il se repentit plus d'une fois de s'être chargé de ma conduite. J'ai toujours été persuadée que sa commission se bornoit à me remettre entre les mains de ma tante, mais que pour me punir de lui avoir fait peur sur la route, & pour débarrasser ma famille d'un mauvais sujet, bien assuré d'ailleurs qu'il seroit avoüé de tout, il s'étoit déterminé à profiter de l'occasion de l'embarquement qui se faisoit alors à la Rochelle pour le Canada.

Au lieu donc de me faire prendre le chemin de l'Abbaye de ma tante, où il ne falloit pas une journée pour nous rendre, Monsieur du Clos s'accommoda fort honnêtement avec le Capitaine du

Vaiſſeau ſur lequel vous étiez. Vous ſçavez le reſte, Monſieur, & vous devez vous ſouvenir de l'état où je fus pendant les premiers jours. On déſeſpera de ma vie, & je l'aurois infailliblement perduë, ſi le Capitaine n'eut pas eu plus de ſoin de moi que de pluſieurs autres que la Mer fit tomber malades. Il eſt vrai qu'il avoit des raiſons particulieres pour me diſtinguer des femmes qui étoient ſur ſon bord. Il m'avoit reçûë comme paſſagere, & ne devoit toucher le reſte de la ſomme dont ils étoient convenus le vieux Gouverneur & lui, qu'en rapportant en France un certificat de mon arrivée à Quebec; où il avoit ordre apparemment de m'abandonner à la Providence. Pour vous mettre au fait de cet accord, je vous dirai que le Capitaine m'apprit que Monſieur du Clos m'avoit livrée à lui ſous le nom de Marguerite du Clos sa fille, en l'assurant que je n'étois ainsi bannie que pour avoir voulu plusieurs fois empoisonner mon pere, ma mere & mon frere aîné; & que tout recémment j'avois été trouvée saisi d'arsenic dont je prétendois me servir pour commettre ces trois crimes.

La surprise que me causa le Capitaine par ce discours, le désespoir de me voir chargée d'une accusation si horrible, & dont je ne pouvois malgré toute mon innocence prouver la fausseté, tout cela fit un tel effet sur moi, que j'en pensai mourir de douleur. Cependant dès que je pus parler, je fis au Capitaine le recit de l'avanture de l'arsenic trouvé sur ma toilette. Il entrevit dans ce que je luis dis l'injustice qu'on m'avoit faite de me soupçonner d'un si grand attentât. Il me plaignit tout inhumain qu'il étoit. Il fit plus : Il eut la générosité de me donner une partie de l'argent qu'il avoit reçû de Monsieur du Clos, qu'il croyoit mon pere, car je ne le désabusai pas sur cet article. C'est ainsi que je fus instruite du sujet de mon voyage forcé.

J'ignore quelles réflexions fit depuis le Capitaine ; mais comme s'il se fut repenti d'avoir été assez foible pour me croire, & se laisser attendrir par un faux recit de mon malheur, il reprit deux jours après sa férocité ordinaire. Il ne me regarda plus. Je résolus de ne me découvrir à personne, & d'attendre sous l'indigne nom de l'auteur de mes ennuis que mon frere le Chevalier fit connoître mon innocence avec la sienne. J'aurois néanmoins peut-être été forcée d'éclater, si votre ingenieuse bonté n'eut trouvé un moyen de me dérober au sort miserable que j'avois à craindre.

Mademoiselle, dis-je alors à la Sakgame, si la vertu ne met point à couvert des revers de la fortune, du moins elle en sçait triompher tôt ou tard. La malice & l'injustice des hommes vous ont envoyée comme une esclave dans un Pays étranger; & le Ciel plus juste vous y fait vivre en Souveraine. J'y vivrois contente, reprit-elle, si je sçavois que le Chevalier ne fut pas plus à plaindre que moi. La tranquillité de ma vie n'est troublée que par le souvenir de ce cher-frere ; & il est le seul mortel au-delà des Mers pour lequel je m'interesse. Si je revois la France, lui répliquai-je, nous imaginerons quelque expedient pour vous donner de ses nouvelles, sans vous faire connoître qu'autant que vous le jugerez à propos. Mais, ajoûtai-je, si ce frere si cheri vous prioit de retourner dans l'ancien monde, rejetteriez-vous sa priere ? Les Souverains, repartit-elle en souriant, ne quittent point leurs Etats, & ne se parlent que par Ambassadeurs. En ce cas, lui dis-je sur le même ton, vous me ferez l'honneur de me revêtir de ce titre sacré, & je lui présenterai de votre part mes Lettres de créance, & le Calumet de Paix.

Je n'eus plus qu'une conversation avec Mademoiselle du Clos, après-quoi je lui demandai mon audience de congé. Elle ne me l'accorda pas sans peine ; & je fus obligé de lui promettre que je lui ferois de temps en temps de pareilles visites. Si nous eussions accepté tout ce que ses Hurons nous présenterent de pelleteries, nous nous ferions enrichis ; mais nous les refusâmes le plus poliment qu'il nous fut possible. Nous nous contentâmes de souffrir qu'ils chargeassent de leurs presens quelques Canots qu'ils firent par-

tir pour notre Habitation en mê-
tems que nous, & qui pourtant
n'y arriverent qu'un mois après
nous, attendu qu'il leur avoit
fallu prendre des chemins longs
& très difficiles. Une escorte nombreuse nous reconduisit avec la
même pompe qu'auparavant, &
par reconnoissance nous la ren-
voyâmes chargée de vin, d'eau-
de-vie & d'autres presens.

A mon arrivée je fus obligé de
quitter mon habitation & de me
rendre au Fort. L'affreuse guerre
que la France avoit alors à soutenir étendit sa fureur jusqu'à
nous. Tout le pays étoit en allarmes. On faisoit des courses dans
la nouvelle Angleterre, & les
Anglois de leur côté en faisoient
sur nous. Ils engageoient même
les Sauvages à en faire. Nous fûmes obligez d'établir * corres-
pondance de notre Canton avec

* En Octobre 1694.

le Fort de Bourbon, que Monsieur d'Iberville venoit d'enlever aux Anglois dans le Golfe de Hudson. Ils n'en avoient pas été quittes pour cette perte ; on leur venoit aussi de ravager plusieurs Isles & une partie de la Jamaïque, de façon que ne doutant point qu'ils n'eussent envie de de nous rendre le change, nous étions dans la necessité d'être toujours sur nos gardes.

Il est vrai que le Fort de Frontenac nous mettoit à couvert de surprise de la part des Anglois ; mais ils avoient gagné plusieurs Cantons d'Iroquois à force de presens, & ceux-ci pouvoient se trouver sur nos talons avant que nous fussions seulement avertis de leur marche. Ces terribles Sauvages portoient la desolation par tout, ils détruisoient les plantations, bruloient les Cabanes & n'épargnoient personne. Lorsqu'un Fort les arrêtoit, ils faisoient impunément le dégât aux environs, la garnison n'osant les attaquer, à cause que les Iroquois étoient en trop grand nombre & qu'ils avoient pour la plûpart des armes blanches & des armes à feu, que les Anglois & les Hollandois leur fournissoient & avec lesquelles ils se battoient courageusement.

Les allarmes continuelles que nous donnoit la proximité de leurs frontieres, plusieurs hostilitez déja commises, la ligue faite entre tous leurs Cantons, & leur alliance avec les Anglois & les Hollandois, toutes ces choses engagerent enfin Monsieur de Frontenac Gouverneur du Pays à leur faire sentir le poids des armes de France, comme tant d'Alliez liguez contre elle le sentoient en Europe. Toutes les Compagnies entretenuës par le Roy eurent ordre de s'affembler à Montreal. L'envie de fe venger des Iroquois & d'écarter de fi dangereux voifins, ayant fait joindre à ces Troupes tous les François établis fur ces frontieres avec les Sauvages attachez à la France; Monfieur de Frontenac fe trouva en état d'entrer dans leur Pays à la tête d'une armée nombreufe & formidable pour ces lieux-là, puifqu'elle étoit de près de trois mille hommes.

On n'eut pas peu de peine à tranfporter de l'artillerie jufqu'à un Fort que les Anglois avoient fait bâtir à ces Sauvages. Il étoit flanqué de bons Baftions, & fi régulier qu'il nous auroit arrêtez long temps, s'ils euffent eu le courage de s'y tenir enfermez; mais les Iroquois, tout braves qu'ils font, veulent quand ils combattent avoir le terrain libre derriere eux, & ils s'attachent plus à des coups d'adresse & de surprise qu'à se battre de pied ferme. Ils abandonnerent donc leur Fort contre le conseil des Anglois, avec lesquels ils se retirerent, nous laissant liberté entiere de ravager ce Canton. Nous commençâmes par raser le Fort, après quoi tout fut pillé ou détruit dans un assez grand espace de Pays, afin de donner du moins à ce peuple un desert à passer avant qu'il pût entrer dans la nouvelle France.

Le Corps de troupes dans lequel j'étois avec plusieurs Volontaires qui m'avoient suivi à cette expedition, ayant découvert dans un Bois un grande Habitation d'Iroquois, l'investit & s'en rendit maître. Nous y surprîmes beaucoup de vieillards & d'enfans, & nous partageâmes le butin. Pour moi, je cedai ma part & celle que mes associez devoient avoir dans les pelleteries & les ustenciles qui avoient été apportez là comme dans un lieu de sureté. Je me contentai de prendre sur mon compte tous les prisonniers dont personne ne voulut se charger. Je surpris par-là tout le monde, & encore plus quand je leur offris à tous la liberté, pourvû que chacun d'eux me donnât pour sa rançon un enfant mâle de quatre à cinq ans; ce qui m'en procura près de deux cens qui se trouverent aux environs. Après quoi je renvoyai sans rançon le reste des Captifs, à la reserve d'une demi-douzaine de femmes que je gardai pour avoir soin de mon petit troupeau.

Vous sçavez, Monsieur de Beauchêne, continua Monneville en m'adressant la parole, que deux jours après le tout pensa m'être enlevé, & nous coûter la vie à mes Volontaires & à moi. Vous devez vous en souvenir, puisque vous étiez avec les Sauvages qui vinrent la nuit fondre fur mon Quartier que j'avois eu l'imprudence de choifir affez loin du Corps de l'armée. S'ils euffent fçû que je n'avois là que foixante & quelques hommes, ils ne fe feroient pas retirez comme ils firent après m'en avoir tué quelquesuns. Vous devez encore moins avoir oublié que trop jeune & trop temeraire vous vous engageâtes fi avant, qu'il vous fut impoffible de rejoindre les autres & que vous demeurâtes mon prifonnier.

Cet accident me fit précipiter mon départ. J'étois bien aife auffi de prévenir le gros de l'armée dans laquelle mes deux cens enfans m'auroient beaucoup plus embarraffé, Lorfque j'eus affez de Canots, je demandai à Monfieur de Frontenac permiffion de partir & il me l'accorda fort gracieufement, me faifant fournir ce qui m'étoit necessaire pour mes petits prisonniers qu'il croyoit pieusement comme les autres que j'emmenois pour les faire élever dans notre Religion, ainsi que le publierent les Missionnaires Aumôniers de l'armée. Ces bons Peres jugeoient de mes intentions sans songer que pour executer le projet dont ils me faisoient honneur, au lieu de ma simple habitation il m'auroit fallu des maisons & des revenus comme les leurs.

Quoy qu'ils vantassent extrememement la bonne action qu'ils s'imaginoient que j'avois faite, ils n'eurent aucune envie d'en partager le merite avec moi, en se chargeant eux-mêmes d'une partie de ces enfans; mais ils firent chanter un grand *Te Deum* à Quebec dès qu'ils eurent apris que je les avois fait tous baptiser, ce que je ne manquai pas en effet de faire avant que de les envoyer à Mademoiselle du Clos à qui je les destinois.

Vous devinez bien que cette politique Sakgame me sçut bon gré d'un pareil present. Elle me manda que je ne lui en pouvois faire un plus précieux, & que ses bons amis étoient penetrés de reconnoissance du service que je leur avois rendu en leur envoyant dequoi former des guerriers qui leur seroient un jour d'un grand secours : Que tous ces enfans avoient été adoptés & croyoient tout de bon avoir retrouvé leurs parens dans leurs peres adoptifs. Elle ajoutoit qu'elle les feroit instruire dans la Religion Chrétienne & qu'elle esperoit qu'après avoir été élevez comme Hurons, ils n'auroient pas moins le cœur François que s'ils étoient nés au centre de la France.

Les graces que Loüis XIV. distribuoit alors de toutes parts pénetrerent nétrerent jusques dans nos déserts pour y venir chercher ceux de ses serviteurs qui s'y distinguoient le plus. Parmi les personnes qui reçûrent des gratifications fut comprise une Demoiselle de ma connoissance, appellée de Vercheres. Cette heroïne avoit une Habitation & un Fort qui portoient son nom à quelques lieuës de Montreal. Elle étoit fille d'une mere qui lui avoit appris à se servir du mousquet, & à se mettre en Amazone à la tête de son monde dans les incursions des Sauvages. Un jour ayant été surprise par une troupe d'Iroquois, elle se débarassa de leurs mains, & s'enferma dans son petit Fort, où secouruë d'un seul Soldat, elle les arrêta d'abord à coups de fusil. Ensuite faisant elle-même joüer sur eux son canon, elle obligea ces Sauvages à se retirer. Ce qu'ils firent avec d'autant plus de précipitation qu'ils jugerent qu'elle ne tarderoit pas à recevoir du secours. Cette jeune Guerriere après cette action, ayant eu le bonheur de trouver l'occasion d'écrire à Madame de Pontchartrain, lui envoya le détail du petit Siege qu'elle avoit soutenu, & obtint par son entremise une pension de quatre cens livres.

Dans ce temps-là, le jeune homme qui m'avoit accompagné chez Mademoiselle du Clos, y retourna pour lui offrir ses services avec cinq ou six de ses meilleurs amis, que la relation du voyage qu'il avoit déja fait n'avoit nullement effrayez. Il prit soin de cacher, ainsi que ses Camarades, ce beau dessein à tout le monde, sçachant bien que personne ne l'approuveroit. Je fus le seul à qui l'on n'en fit pas mystere, de peur que Mademoiselle du Clos ne leur sçut mauvais gré de ne lui point porter de mes nouvelles. Ils m'en firent donc confidence, & je les chargeai d'une Lettre pour la Sakgame.

Pendant leur voyage, le Maloüin Commandant de notre Fort mourut de poison. J'ai toujours été persuadé que le coup qui le mit au tombeau m'étoit destiné, auquel cas je fus une cause bien innocente de sa mort. Quoiqu'il en soit, je me rendis aussi-tôt à Quebec pour y annoncer cette nouvelle, & solliciter ce poste pour lequel je ne croyois pas trouver de Concurrens ; néanmoins le Gouverneur me dit poliment que si je voulois absolument cette place, il ne pouvoit me la refuser ; mais qu'il me prioit en attendant une autre occasion, de la ceder à un jeune homme qui lui étoit fortement recommandé, & qui sans cela lui alloit demeurer sur les bras. Cette maniere obligeante de refuser me charma ; & je protestai au Gouverneur que trop content de sa bonne volonté, je me désistois de ma demande d'aussi bon cœur que j'aurois reçu le bien-fait.

Le jeune homme dont il parloit venoit d'arriver sur le Vaisseau qui nous avoit apporté l'heureuse nouvelle de la paix de Risvvick, dont nous nous flattions de goûter les fruits dans ce nouveau monde par la liberté du commerce qui devoit augmenter nos fortunes. Ce changement me fit songer à profiter du moins de la succession du Maloüin, si je n'avois pas sa place. Il n'avoit ni enfans, ni heritiers; son Habitation alloit être abandonnée, & ne pouvoit manquer de devenir en peu d'années un désert comme auparavant. Je la demandai & elle me fut accordée.

Dans une seconde visite que je fis au Gouverneur, je lui exposai le plan de la conduite de Mademoiselle du Clos parmi les Hurons. Il ne se lassoit point de m'entendre parler là-dessus ; & il admiroit la prudence & la politique de cette incomparable fille. Il en fut enchanté ; & crut voir dans son systême tant d'utilité pour l'Etat, qu'il eut la générosité de lui envoyer pour plus de cent pistoles de presens, la faisant assurer en même temps d'une protection particuliere pour elle & pour son Canton. Les Reverends Peres jaloux de leur gloire ne voulurent pas paroître moins généreux que le Gouverneur; ils firent aussi leurs presens à la Sakgame, mais pour varier un peu les choses, ils firent consister leurs dons en plusieurs reliquaires, quelques chapelets benits avec un billet d'association à une Confrairie sur le Catalogue de laquelle son nom fut couché gratis. La marque de cette Confrairie lui fut portée par un jeune homme qu'on lui envoyoit pour Missionnaire, sur la priere que j'en avois faite. On chargea ce nouvel Apôtre de magnifiques ornemens Sacerdotaux & d'une superbe Chapelle, mais en lui faisant sa leçon en particulier, je lui conseillai de n'employer tout cela que quand Mademoiselle du Clos le jugeroit à propos.

En me chargeant du soin de conduire & d'instaler dans notre petit Fort Monsieur de la Haye, c'étoit le nom du nouveau Commandant, le Gouverneur me dit qu'il me tiendroit compte de tout ce que je ferois pour ce jeune homme, qui étoit né, ajoûta-t-il, pour une meilleure fortune. Je commançai donc sur cette recommandation à m'interesser pour Monsieur de la Haye; & Madame son épouse qui s'embarqua avec nous, acheva de m'attacher au ſrevice de la famille. Cette Dame étoit une jeune perſonne qui joignoit à la beauté la plus réguliere un air ſi gracieux, tant de modeſtie, tant de douceur dans le ſon de ſa voix, dans ſes yeux, dans ſes manieres, & qu'entraîné par ce puiſſant, je ne ſçai quoi qui ne peut ſe définir, je perdis ſubitement ma liberté, ſans même avoir envie de la défendre.

Si je m'étois contenté de l'amitié de ces deux jeunes Epoux, les attentions que j'eus d'abord pour eux me l'acquit à un point, qu'en arrivant au Fort, on eût dit que c'étoit un frere & une ſœur qui y venoient joindre un frere cheri. Comme j'avois été gratifié de toutes les dépoüilles du Maloüin, ſes meubles m'appartenoient ainſi que tout le reſte, & j'aurois pû laiſſer à ſon ſucceſſeur un appartement tout nud; mais je n'y dérangeai pas la moindre chose, ce qui ne devoit pas être compté pour rien dans des lieux tels que ceux-là. Je rendois tous les jours à ces Epoux quelque petit service dont ils me témoignoient d'autant plus de reconnoissance qu'ils soupçonnoient moins le motif qui me faisoit agir. Ils s'imaginoient que j'en usois ainsi avec eux par pure générosité.

Je les menois si souvent à l'Habitation dont j'avois herité, qu'elle n'étoit pas plus à moi qu'à eux. Ils la trouvoient si bien bâtie, & si bien située qu'ils s'y plaisoient infiniment. Pour moi j'y goûtois moins la douceur de la solitude, que le plaisir d'y voir continuellement l'objet de ma passion. Tant que je m'en tins aux regards & aux soûpirs, Madame de la Haye ne pénétra point mes sentimens. Elle étoit si éloignée de me croire amoureux, qu'elle me donnoit sans contrainte d'innocentes marques de la tendre amitié qu'elle avoit pour moi. D'un autre côté, quelque jaloux que je fusse du bonheur de son époux, je vivois avec lui dans une liaison si forte, que cette seule consideration m'avoit souvent fermé la bouche, lorsque mon secret étoit près de m'échapper.

Monsieur de la Haye, car il m'avoit conté ses avantures, étoit fils d'un riche Conseiller du Parlement de Paris, qui le destinant au Bareau, l'élevoit chez-lui dans cette intention ; mais le jeune homme s'appliqua si peu à l'étude, & principalement à celle du Droit, que lorsqu'il lui fallut subir ses examens, ses Examinateurs furent obligez de lui faire soutenir ses Theses à huis-clos. Son pere lui voyant si peu de disposition à briller dans la Robe, changea de dessein, & lui acheta chez le Roy une Charge qui a depuis

F v

causé ses malheurs.

J'ignorois quels étoient ces malheurs : Il me les avoit cachez dans tous les entretiens que nous avions eus ensemble jusques-là, & il ne m'avoit jamais encore parlé de sa femme, lorsqu'un matin en nous promenant après avoir déjeûné, les fumées de deux bouteilles d'un vin blanc que nous venions de boire, firent sur lui le même effet que les rayons du soleil sur la statuë de Memnon : Monsieur de la Haye qui étoit ordinairement taciturne & rêveur, prit tout à coup un air gay, libre & ouvert, & se répandit en discours. Sitôt que je le vis en train de babiller, je le mis sur le chapitre de sa prosperité passée, & lui dis qu'il ne me paroissoit pas tout-à-fait malheureux, puisque la fortune lui avoit donné une épouse aussi accomplie que la sienne.

Vous trouveriez ma femme encore plus aimable, me répondit-il si vous sçaviez tous les sujets que j'ai de l'aimer & de l'estimer. Comme après elle je n'ai rien de plus cher au monde que vous, je vais vous faire cette confidence. Il en va couter à mon amour propre pour vous découvrir des défauts que la situation où je suis présentement vous dérobe; mais n'importe, je veux dire tout. C'est une petite confusion que je merite bien.

A titre de fils unique d'un pere opulent, contiua-t-il, j'avois déja sçû trouver à emprunter une dizaine de mille écus à l'âge de vingt ans, quand un oncle que j'avois à la Cour engagea mon pere à me faire quitter la robe pour me mettre auprès de lui. La Charge dont on traita pour moi couta près de cinquante mille livres. Quel apâs pour mes Créanciers ! Les cordons de leurs bourses usuraires en furent rompus; elles m'étoient toujours ouvertes; j'y puisois & les laissois compter. De cinquante jeunes gens qui trouvoient comme moi de l'argent plus aisément que le Roy, j'étois le plus consideré, le plûtôt servi. Il est vrai qu'ils me faisoient datter & renouveller mes billets, quand il leur plaisoit; mais quoiqu'ils prissent ces précautions, je voyois bien qu'ils m'affectionnoient particulierement, & qu'ils ne hazardoient pas tant avec les autres de qui souvent ils exigeoient impoliment des gages.

Une succession de près de deux cents mille livres que mon pere par sa mort nous laissa peu de temps après à eux & à moi, car je ne leur en devois tout au plus que la moitié, augmenta leurs esperances & le dérangement de ma conduite. Mon oncle m'en fit en vain plusieurs fois des reproches ; quoique je sentisse bien que je les méritois, je n'avois pas la force de changer. Ma felicité, ou pour mieux dire ma stupidité me perdoit. J'aimois le vin & la bonne chere, vingt Parasites me mangeoient, avec cela je joüois gros jeu, & croyant passer pour beau joüeur, je joüois en dupe. Mon oncle averti de mes dissipations m'en fit de nouvelles réprimandes, qui furent encore inutiles. Il se lassa de m'en faire, & pour me frustrer de sa succession, il résolut de se marier dans l'intention d'avoir un heritier plus digne de lui.

C'étoit pourtant sur cette succession que mes Créanciers comptoient le plus. Ils la regardoient comme un supplément à mes biens qui leur seroit un jour nécessaire. Ils sçavoient mieux que moi mes facultez ; car je leur laissois le soin de calculer mes revenus & mes dettes. Pour vous achever le tableau de mon dérangement : Je trouvois trop sages & trop rangez ceux qui prenoient des Maîtresses en titre. Cette conduite me paroissoit trop raisonnable, & trop conforme à l'ennuyeuse uniformité de l'hymen. Enfin, j'étois aussi débauché que je le pouvois être, lorsqu'il arriva un évenement dont mon mariage a été la suite, & que je vais vous raconter.

J'avois depuis peu de jours un Valet de chambre, qui n'ayant jamais servi, se piquoit d'une fidelité dont la plûpart de ces Messieurs se défont peu à peu dans le service. Il m'avertit un jour qu'un de mes Laquais en qui j'avois confiance me voloit & s'entendoit avec mon Cuisinier. Jasmin, ajouta-t-il, sort tous les soirs après le soûper, & emporte quelque chose dans un endroit que j'ai remarqué. Pour m'éclaircir par moi-même de la verité du fait, je me cachai un soir dans l'escalier d'une maison dans laquelle mon Valet de chambre asuroit qu'on portoit les larcins. Le Laquais accusé y vint effectivement chargé d'un paquet, passa devant moi sans me voir, & entra dans un galetas où je le suivis brusquement. Fripon, lui dis-je, en lui presentant mon épée nuë, c'est donc ainsi que tu me vole? Le malheureux se jetta d'abord à mes genoux ; frappez, Monsieur, me dit-il, vous nous percerez tous trois du même coup. En même temps il me montra du doigt une jeune fille que la frayeur rendoit immobile, & un vieillard accablé d'infirmitez.

Ce ne sont, poursuivit le Laquais en ouvrant une serviette qu'il portoit, ce ne sont que les restes des viandes de vos Domestiques. Je prolonge avec cela les jours de mon pere qui n'a plus que ce secours pour subsister. Cependant quoique ces restes soient fort mauvais, je ne laisse pas de les bien acheter de votre Cuisinier, à qui pour ce sujet je cede mes gages depuis un an. De son côté, le pere qui avoit la langue libre me crioit misericorde ; mais il n'étoit plus besoin d'avoir recours à la priere pour m'attendrir. Ce que je voyois me désarmoit & m'inspiroit de la compassion. Je m'approchai du vieillard, & lui demandai pourquoi il ne demandoit pas plûtôt une place à l'Hôpital, que de rester dans le pitoyable état où il se trouvoit. J'ai déja voulu prendre ce parti, me répondit-il, mais mes enfans s'y sont opposez ; ils sont effrayez du nom seul du lieu où il faudroit qu'ils me vinssent voir.

Pendant que je parlois au bon homme, son fils s'enfuit & sa fille se cacha. Confolez-vous, dis-je au Pere, j'aprouve ce que fait votre fils, & bien loin de le chaffer de chez moi je lui double fes gages. Pour rendre ces paroles plus conftantes, je les accompagnai de deux ou trois piftoles qui fe trouverent dans mes poches tant en or qu'en argent. Je comptois à mon retour chez moi que je raffurerois Jafmin, qui ne pouvant pas fçavoir ce que j'avois dit à fon pere, ni quel parti j'avois pris, devoit être dans l'inquietude. Par malheur pour lui le Valet de chambre le voyant rentrer & croyant lui donner un bon confeil, lui dit de fuir promptement pour fe fouftraire à la juftice entre les mains de laquelle je pourrois le mettre, ce qui troubla l'efprit du Laquais à un point qu'il difparut fans qu'on ait depuis reçu de fes nouvelles.

Sa fuite inquieta fon pere, qui

envoya plusieurs fois sa fille s'informer chez moi si l'on n'avoit point entendu parler de Jasmin. Un jour s'étant directement adressée à moi pour cela, quoiqu'elle fût couverte de haillons, elle ne laissa pas de m'éblouïr par sa beauté. J'en fus tellement frappé, qu'oubliant le généreux motif qui m'avoit jusques là déterminé à lui faire du bien, je proposai à cette innocente des conditions pour la tirer de misere elle & l'auteur de sa naissance: C'est ainsi que je faisois servir au crime les traits de l'humanité même.

Cette vertueuse fille me parut très éloignée d'en venir jamais à mon but. Pour son pere, je le trouvai plus facile, soit qu'il fût touché de mes manieres engageantes, soit que la crainte de tomber dans une affreuse indigence ne lui permit pas d'être intraitable, il se rendit à mes instances ; mais nous n'eumes pas peu de peine l'un & l'autre à séduire la fille. Je dis l'un & l'autre, car il fut obligé d'user de détours pour la persuader. Il l'assura que je lui avois donné ma parole d'honneur que je l'épouserois publiquement dès que la chose seroit possible : ce que je n'osois, disoit-il, faire alors de peur de déplaire à un oncle de qui je devois hériter. Tandis qu'il n'épargnoit rien pour la faire consentir à son deshonneur, je le secondois par la dépense que je faisois pour eux. Je leur louai & meublai un appartement & leur donnai une servante. Enfin, nous fimes tant le pere & moi que la fille cessa de nous resister.

Ce qui l'avoit déterminé plus que tout le reste à ceder à mes empressemens, c'est que jugeant par mon procedé à son égard, que j'étois trop honnête homme pour la tromper, elle s'imagina que mon attachement pour elle ne finiroit qu'avec ma vie. En moins de huit jours elle s'aprivoisa, & le pere content de son fort ne se souvenoit plus d'avoir été miserable. Il ne joüit pas long-temps de sa honteuse prosperité, il tomba malade, il mourut en me recommandant sa fille.

Sa mort nous débarrassa elle & moi d'un grand fardeau. La pauvre enfant se livra toute entiere à l'amour qu'elle avoit pris pour moi, contente de l'estime & de l'amitié que je ne pouvois refuser au vrai merite que je remarquois en elle. On eût dit que son état lui plaisoit; quoi qu'après les promesses que je lui avois faites elle eut droit d'esperer une meilleure condition. Jamais vie ne fut plus retirée que la sienne. Jamais fille ne parut moins aimer le monde. Je ne pouvois l'engager à paroître aux spectacles & aux promenades. Elle me prioit même de ne l'aller voir qu'en secret. Bien éloignée de ressembler à celles qui ne sçauroient avoir d'amans en état de faire de la dépense qu'elles ne se fassent une espece de trophée de leur infamie.

Par pure complaisance pour moi elle vouloit bien apprendre à chanter & à danser ; mais elle employoit à lire la meilleure partie de son temps. Sa conduite, ses belles qualitez, auroient dû me retirer de la débauche & me fixer entierement. Elle avoit encore une vertu qui me charmoit, c'étoit son desinteressement. Elle ne me demandoit jamais rien. Il est vrai que je prévenois ses besoins & ses desirs. Je la voyois rarement sans lui faire present de quelque bijou ; tantôt je lui donnois une montre d'or ou une tabatiere ; tantôt une bague & un colier, & lors qu'il m'arrivoit de gagner au jeu cinquante ou soixante pistoles, je l'obligeois à les partager avec moi. C'est de l'argent du jeu, lui disois-je, si vous ne le prenez, je le perdrai demain ; j'aime mieux que vous l'ayez qu'un autre. Mais ordinairement elle ne vouloit rien accepter à moins que je ne lui promisse d'être raisonnable pendant un certain nombre de jours, & de ne point frequenter les mauvaises compagnies qui me perdoient.

Je ne serois pas en Canada si j'eusse voulu la croire elle & un ami sincere que je menois quelquefois souper chez elle, & qui de son côté m'exhortoit souvent à changer de conduite. Quand je m'engageois dans des parties de plaisir & qu'il m'arrivoit de passer deux jours fans la voir, je la mettois dans des inquietudes mortelles, & fi j'avois la moindre indifpofition, elle fondoit en larmes comme fi fa vie eût été attachée à la mienne.

Je lui caufai bien d'autres allarmes, un jour qu'il m'arriva dans le vin, & prefque fous les yeux du Roy, un malheur que la honte m'empêche de vous dire. Loüis XIV. ne pardonne point aux yvrognes. Il me fallut difparoître de peur de finir mes jours fur un échaffaut; & malgré le crédit de mon oncle & celui de mes amis, je n'obtins ma grace qu'en perdant ma Charge. De plus, je fus condamné à donner dix mille livres à l'Hôtel-Dieu. Cette affaire mit aux champs mes Créanciers. Ils fe connoiffoient tous; ils eurent bientôt fait l'évaluation de mon bien; & la premiere réfolution qu'ils prirent dans leur assemblée, fut de ne me plus rien prêter, afin de ne pas augmenter mes dettes. Ayant appris quinze jours ou trois semaines après que mon oncle alloit se marier, ils jugerent par ce mariage précipité que mon oncle m'abandonnoit. Ils éclaterent & se joignirent aux Administrateurs de l'Hôtel-Dieu. C'est ce que mon ami m'écrivit dans le lieu où je m'étois retiré. Il ajoutoit dans sa Lettre qu'il avoit été voir mon oncle, qui lui avoit dit en lui montrant les articles de son mariage : Tenez, Monsieur, voici la preuve que je ne reconnois plus pour neveu un maraud que je ferois arrêter sur le champ si je sçavois où il est ; & que je laisserois volontiers périr dans un cachot pour expier l'ignominie dont il couvre notre famille.

Mon ami n'étant pas en état de trouver les dix mille francs
qu'il

qu'il me falloit, ne put empêcher que mon bien ne fut saisi & vendu ; encore aurois-je eu besoin avec cela de quatre-vingt mille livres pour achever de satisfaire mes Créanciers. Du moins si n'ayant plus rien, je n'eusse eu rien à craindre, j'aurois peut-être gagné sur ma fierté de chercher quelque ressource à Paris, où je connoissois tant de gens qui se disoient de mes amis ; mais j'aurois vainement fait cette honteuse démarche, puisque mon ami me manda qu'il les avoit vûs tous, & qu'ils ne se souvenoient plus de moi, bien loin d'être disposez à me retirer de l'abîme que la plûpart d'entre-eux m'avoient creusé. La seule personne qui s'interresse à votre sort, ajoûta-t-il, c'est la Demoiselle chez qui nous avons quelquefois soupé ensemble. Elle vient tous les jours s'informer de vous. Elle me presse fortement de lui apprendre votre adresse; ce que je n'ai pas jugé à propos de faire, de crainte qu'elle ne soit gagnée par vos ennemis. Tout ce que les larmes vrayes ou fausses ont pû obtenir de moi, c'est une promesse de vous faire tenir un billet de sa part.

Il m'en envoya un en effet, & me marqua qu'il croyoit cette amante sincere; mais qu'il ne s'agissoit plus de pousser de tendres soûpirs, & que je devois être assez embarrassé de moi-même, sans me charger encore d'une fidelle avanturiere. J'étois de son sentiment, & je commençois à oublier cette fille, comme je m'imaginois qu'elle ne devoit plus penser à moi; cependant plus je relisois sa Lettre, plus elle me paroissoit digne d'attention. Je me souviens encore des paroles qu'elle contenoit : ” Je ne puis plus vivre sans ” vous voir, disoit la Demoiselle;

» si vous ne me permettez pas de
» me rendre auprès de vous, j'irai
» vous chercher dans toutes les
» Villes Frontieres. Ce n'est pas
» tant pour ma satisfaction que
» je vous demande cette grace,
» que pour votre propre interêt.
» Le malheur qui nous éloigne
» l'un de l'autre peut finir. Pourvû
» que je vous voye, je puis vous
» consoler. Nous recevons quel-
» quefois du secours d'où nous en
» attendions le moins. Represen-
» tez-vous mon pere expirant, &
» n'oubliez pas que vous lui jurâ-
» tes de ne m'abandonner jamais.
» J'ai tout perdu depuis que je
» suis à vous. Je n'ai que vous de
» cher au monde. Que m'importe
» dans quel état je vous retrouve !
» C'est vous & non vos richesses
» que j'ai chéri. Songez que je
» suis à vous aussi constamment
» que si les Loix divines & humai-
» nes m'avoient imposé la necessi-

» té de partager votre fortune
» comme votre nom. Adieu, je
» partirai quand il vous plaira
» pour vous aller rejoindre où
» vous m'ordonnerez de me ren-
» dre. «

Avant que j'eusse reçu cette Lettre, l'ennui qui m'accabloit dans mon exil & l'argent dont j'étois près de manquer m'avoient déja inspiré l'envie de faire un tour secretement à Paris. Il n'y eut plus moyen de m'en défendre, après avoir lû ce billet, quoi qu'il ne me promît rien de positif. Je partis sans bruit du lieu où j'étois & gagnai la nuit la maison de mon ami, qui fut surpris de me voir. Je hazardois à la verité beaucoup, mais plus on est malheureux moins on craint le danger. Mon ami envoya sur le champ dire à ma maîtresse qu'il avoit des nouvelles à lui annoncer. Elle vola aussi-tôt chez lui &

m'y trouvant moi-même au lieu d'une Lettre qu'elle esperoit, peu s'en fallut que de joye elle ne perdit le sentiment. Elle ne s'amusa point à me témoigner le plaisir que ma vûë lui causoit, elle s'informa seulement de ma santé, puis elle nous pria mon ami & moi de la suivre chez elle en nous disant qu'elle esperoit que nous ne serions pas fâchés d'avoir pris cette peine.

En entrant dans une petite chambre où elle demeuroit, car elle avoit loüé son appartement pour épargner quelque chose, elle nous montra une cassette qu'elle ouvrit & dans laquelle il y avoit une grande quantité de pieces d'or avec un assez bon nombre de bijoux. Monsieur, me dit-elle en s'adressant à moi, tout cela vous appartient ; vous voulez bien que je vous le restituë. Pénétré de cette action, je regardois tout interdit non pas le tréfor, mais la fille genereufe qui me l'offroit. Alors fe jettant dans mes bras, je ferois bien plus riche, s'écriatelle, fi j'avois été auffi prompte à recevoir que vous l'étiez à me donner. Que je me reproche en ce moment ma délicateffe. Que n'ai-je été plus avide ! que j'aurois entre mes mains de richeffes qui vous ont été enlevées.

A Dieu ne plaife, lui répondis-je, que j'accepte ce que vous m'offrez de fi bon cœur : non ma chere enfant, vous le meritez mieux que moi & je donnerois ma vie pour vous le conferver. Et moi la mienne, reprit-elle, pour pouvoir vous rétablir dans la fituation brillante où je vous ai vû. Quel fpectacle, dit alors mon ami ! Que l'on eft heureux d'éprouver des revers à ce prix. Tu n'as rien perdu, ajouta-t-il en fe tournant de mon côté, puifque tu possede le cœur d'une personne si rare.

Après un long combat de tendresse & de générosité entre cette fille & moi : Que prétendez-vous faire, enfin, nous dit mon ami ? Il faut, lui répondit-elle, qu'avec cette somme vous tâchiez d'apaiser ses Créanciers, ou bien qu'il l'emporte & se retire en lieu de seureté. Je mourrai s'il me laisse, mais je ne lui demanderai point de m'emmener. Ce seroit pour lui trop d'embarras. Qu'osez-vous penser, lui dis-je, non, il n'y a plus que la mort qui puisse nous séparer, puisque votre amitié est à l'épreuve de mes malheurs.

Mon ami nous interrompit encore pour nous dire qu'il étoit d'avis que je demeurasse caché tandis qu'il verroit mes Créanciers, & leur feroit des offres. Ce que j'acceptai. Il les vit tous en particulier, & les eut bientôt disposez à un accommodement. On prend facilement des arrangemens avec des gens qui s'attendoient à tout perdre. Je me voyois à la veille d'être libre, lorsqu'un nouveau malheur nous enleva cette derniere esperance. Un Laquais de mon ami se doutant bien qu'il y avoit des choses précieuses dans la cassette, fit si bien son compte, qu'il attrapa la clef du cabinet de son Maître pendant la nuit, & emporta la cassette.

Quel coup de foudre pour mon ami, lorsqu'il s'en apperçut le lendemain. Il courut à l'instant faire ses plaintes, mit la Maréchaussée en campagne, & plusieurs espions dans la Ville aux trousses du fripon, qui fut pris au bout de quinze jours, & pendu à la porte de son Maître après avoir avoüé son crime. Voilà toute la consolation qui nous en revint, car la Justice demeura saisie de la caſſette, & de ce qu'il y avoit dedans.

Il n'eſt pas aiſé de s'imaginer notre déſeſpoir, & particulierement celui de mon ami. Nous étions nous-mêmes obligés de le conſoler. La jeune fille qui dans le tems faiſoit ſeule cette perte, paroiſſoit la moins affligée, & m'exhortoit à prendre patience : Vous voyez, lui diſois-je un jour, le prix de votre tendreſſe. Que ne m'abandonniez-vous à ma mauvaiſe deſtinée ? Vous aviez dequoi vivre, il falloit m'oublier. Il falloit vous ſecourir, me répondit-elle ; mais je ne le peux plus que par mes ſoins. Partons avec ce qu'il nous reſte d'argent. Quittons un pays où l'on en veut à votre liberté. Vous ne me dites rien, pourſuivit-elle en remarquant que je rêvois. Vous êtes diſtrait, je le vois bien, vous voulez-vous éloigner de moi ; mais vous n'y réuſfirez point ; je vous fuivrai partout où vous irez. Je ferai comme un ombre attachée à vos pas. Vous m'avez rendu heureufe tant que vous l'avez été ; il eft jufte que je partage à prefent votre affliction.

Vous la partagerez, fi vous l'ofez, lui dis-je, quand vous fçaurez à quels perils il faudra vous expofer pour me fuivre. Je quitte non feulement la France, mais même l'Europe. Un ancien ami de mon pere m'eft venu voir en fecret. Il m'a confeillé de paffer en Amerique, & m'a donné une Lettre de recommandation pour y avoir de l'emploi. Eft-ce un voyage que vous puiffiez entreprendre ? Eft-ce un climat qui vous convienne ? D'ailleurs, pourquoi vous bannir de votre Patrie pour vous expofer à mille dangers qui font attachez à une longue navigation. Je ne connois de danger que celui de vous perdre, & encore une fois je vous fuivrai partout. Ce fera donc en qualité d'épouſe, lui répliquai-je, attendri de ſa conſtance ; le titre ſeul peut me déterminer à continuer de vous aſſocier à ma fortune. Cette fidelle amante qui regardoit notre mariage comme le plus grand bonheur qui pût lui arriver, ne s'y oppoſa point. Je l'épouſai donc, & nous partîmes pour ce Pays, ſous le nom que nous portons aujourd'hui.

O Ciel, m'écriai-je, lorſqu'il eut ceſſé de parler, quoi, c'eſt l'hiſtoire de Madame de la Haye que je viens d'entendre en écoutant la vôtre ! Oüi, c'eſt ſa propre hiſtoire que je vous ai raconté. Je vous ai peint ſa conduite juſqu'à ce jour ; & vous devez remarquer avec quelle attention elle cherche à me faire plaiſir. Elle fait tout ſon poſſible pour dissiper mon chagrin, car elle n'est pas naturellement aussi enjoüée qu'elle vous le paroît auprès de moi. Je suis pénétré de sa complaisance, & je vous proteste que si je desire un meilleur destin, c'est uniquement pour reconnoître toutes ses bontez.

Qui croiroit qu'après avoir oüi ce récit, je n'aurois pas respecté la vertu d'une pareille femme. J'en eus cent fois plus d'estime pour elle; mais par malheur je l'en aimai aussi davantage. Je cedai sur le champ aux deux Epoux mon Habitation qui leur plaisoit tant, & j'en fis venir moi-même de Quebec la ratification. Que ne m'en tenois-je là. Le plaisir de leur rendre service & d'être cheri tendrement de l'un & de l'autre, auroit suffi pour un cœur plus vertueux que le mien. Quel étrange fatalité, il falloit un crime pour me satisfaire. Je ne songeois plus qu'à Madame de la Haye, je ne vivois que pour elle. J'aurois voulu qu'elle m'eût aimé autant qu'elle aimoit son mari. Je m'en flatois quelquefois comme s'il eut été possible qu'elle cessât de lui être fidelle après toutes les marques de tendresse qu'elle lui avoit données.

J'étois continuellement auprès de cette Dame ; & son époux bien loin de ne le pas trouver bon, me remercioit sincerement de la complaisance que j'avois de lui tenir compagnie. Quand je me voyois seul avec elle, je tombois dans les distractions les plus marquées, où je faisois des exclamations sur le bonheur de son mari ; & avec cela je m'abandonnois à une langeur affreuse qui me consumoit. Madame de la Haye ne manqua pas de pénétrer mes sentimens, & cette connoissance l'affligea. Je m'en apperçûs au soin qu'elle prenoit de me fuir toutes les fois que le hazard vouloit qu'elle se trouvât seule avec moi.

Dans un de ces momens, feignant d'être incommodée, elle fit quelques pas pour se retirer ; mais je l'arrêtai : Non, Madame, lui dis-je, vous n'avez point d'autre incommodité que celle que ma présence vous cause. Demeurez, c'est à moi de m'éloigner. Puis la regardant tendrement : Vous l'avez donc découvert, continuai-je, ce malheureux amour qui va me causer la mort, puisqu'il vous déplaît. Oüi, je l'ai remarqué, répondit-elle ; & je dois aussi vous avoir donné lieu de penser que je ne l'ignorois pas en changeant de conduite avec vous. Nous commencions à goûter la douceur du repos dans cette agréable solitude, falloit-il troubler une tranquillité dont nous vous étions en partie redevable,

Vous deviez plûtôt conserver votre ouvrage. Votre amitié n'auroit donc été qu'un piége dans lequel j'ai donné en la payant de la mienne.

Eh, Madame, lui dis-je, l'amitié peut-elle payer un amour aussi ardent que celui dont vous recevez si mal l'aveu, cependant cet amour, tout violent qu'il est, a long-temps mis en défaut votre pénétration ; & les efforts que j'ai faits pour vous le cacher jusqu'ici, prouvent qu'il est moins téméraire qu'innocent. Qu'osez-vous dire, interrompit-elle ? pouvez-vous appeller votre amour innocent. Mon amitié même va cesser de l'être, si vous ne changez de langage ; & n'étouffez une passion qui me fait déja sentir toute l'horreur d'un exil que votre générosité nous faisoit trouver supportable. Reprenez vos bienfaits, demeurez seul ici, & rendez-moi le droit de vous regarder avec indifference. Je n'ai point oublié comment on peut vivre dans la retraite la plus obscure, & notre demeure dans le Fort ne le sera pas assez pour moi.

Si vous me privez de votre vûë, m'écria-je, ordonnez donc de de mon fort. Que voulez-vous que je devienne ? La moindre abscence, me dit-elle, vous guerira. Ne me cherchez point quand je vous évite ; ou plutôt quittez ces lieux. Eloignez-vous, mais de grace que Monsieur de la Haye ne s'aperçoive pas du motif de votre éloignement. Epargnez-lui le desespoir où le mettroit la connoissance de ce qui se passe. Enfin gagné par ses raisons, attendri par ses larmes, je lui promis de me séparer d'elle, & de l'oublier même, si c'étoit une chose qu'il me fût possible de faire. Elle parut contente de cette promesse,

& de mon côté pour lui marquer que je ne connoissois de loi que sa volonté, je me disposois à lui dire un éternel adieu.

J'étois à genoux devant elle & tenois une de ses mains que je mouillois de pleurs, lorsque par malheur pour nous Monsieur de la Haye entra brusquement dans la salle où cette scene se passoit & me surprenant dans cette attitude, il ne consulta que sa fureur; il fondit sur moi l'épée à la main avec tant de précipitation, que j'eus à peine le temps de me mettre en défense. Cependant je fus bientôt en garde, & je puis dire que si je ne l'eusse pas ménagé, je l'aurois fort mal mené; mais je ne fis que parer les coups qu'il me portoit avec plus de vivacité que de mesure.

Ce qu'il y eut de malheureux dans ce combat, c'est que Madame de la Haye se jetta inconsidérément entre nous deux, attrapa une bleſſure & fut cauſe que j'en reçus une dangereuſe. Alors le mari devenant moins furieux, voulut bien l'écouter. Elle lui aprit qu'auſſi fidele ami qu'elle étoit fidele épouſe, je me banniſſois de cette retraite & que c'étoit en prenant congé d'elle que je m'étois jetté à ſes genoux. Sur ce raport le mari paſſant de la colere à la douleur, eut un regret mortel de m'avoir bleſſé. Il envoya chercher le Chirurgien qui ne me quitta point que je ne fuſſe entierement hors de danger & en état de ſortir. Il m'accompagna même juſqu'à mon habitation où je me retirai.

Ma ſanté fut plutôt rétablie que la tranquillité de mon cœur; car j'apris dans le temps de ma convaleſcence que la bleſſure que Mademoiſelle de la Haye avoit reçuë au côté & qu'elle avoit negligée ne la croyant pas de conséquence, étoit devenuë fort sérieuse, & l'on m'annonça bientôt après la mort de cette Dame. Je pensai perdre l'esprit à cette nouvelle. Je fis mille extravagances; je m'appellois son assassin & je voulois m'ôter la vie; ce que j'aurois fait indubitablement si l'on m'eût laissé seul ou qu'on ne m'eût pas sauvé de moi-même.

Les douleurs les plus violentes ne sont pas les plus longues. Le temps modera la mienne & je ne songeai plus qu'à m'éloigner d'un pays qui ne pouvoit plus m'être agréable. J'en trouvai une occasion : Monsieur le Roi de la Poterie Controlleur de la Marine, chargé du soin des fortifications de la nouvelle France, vint dans ce temps-là visiter mon petit fort en faisant sa tournée. Je le priai de mettre quelqu'un à la place que j'y occupois, pendant que j'irois à Quebec demander la permission de me retirer. Il le fit fort volontiers. Aussi-tôt je vendis tout ce que je possedois dans le pays & je me rendis à Quebec pour profiter de la premiere occasion qui s'offriroit de repasser en France. Le Recolet mon patron fit tout son possible pour me retenir, mais il ne gagna que le temps qu'il me fallut pour vendre une grosse partie de pelleteries qui me restoit dans la Ville.

Fin du quatriéme Livre.

LES AVANTURES DU CHEVALIER DE BEAUCHÊNE.

LIVRE CINQUIE'ME.

Suite de l'histoire du Comte de Monneville.

Monneville repasse en France. Il se rend à Paris où il se faufile avec de jeunes débauchez, parmi lesquels il rencontre par hazard le Chevalier, frere de Mademoiselle du Clos. Il fait connoissance avec ce jeune homme, & lui apprend des nouvelles de sa sœur. Ils deviennent les meilleurs amis du monde. Monneville le quitte pour aller faire un voyage au Ménil, où il a été élevé dans son enfance, dans le dessein d'y voir sa Nourrice, & de tirer d'elle des éclaircissemens sur sa naissance. Il achete la Terre du Comte de Monneville son pere. Il va au Château du Ménil où il revoit la Baronne & Lucile, & après quelques conversations avec ces Dames, il se fait entre eux une reconnoissance. La Baronne lui apprend qu'il est son fils. Ensuite il épouse Lucile. Le Chevalier vient à ses Nôces, qui sont à peine achevées, que ces deux Cavaliers se préparent à partir pour le Canada, dans l'intention d'y aller chercher Mademoiselle du Clos. Ils arrivent à Quebec, & vont à Montreal, où après mille perquisitions, ils apprennent que cette Sakgame des Hurons à perdu la vie au grand regret de ces Sauvages. Enfin, Monneville & son ami s'étant rembarquez pour revenir en France, sont attaquez & pris par les Anglois qui les menent à Boston dans la Nouvelle Angleterre. Là ils sont vendus comme des Esclaves à un Capitaine qui les achete pour les revendre ; mais Beauchêne & ses Compagnons rencontrent le Vaisseau de cet Officier. Ils s'en rendent maîtres, & par-là Monneville & le Chevalier sont tirez d'esclavage.

A MON départ de Quebec, je me trouvai riche de près de cent mille livres qui contribuerent beaucoup à me consoler, surtout quand je me vis à Paris en état de faire figure avec cette petite fortune. Je la devois dans le fond au Maltotier, mais comme il n'avoit pas eu en vûë de me la procurer lorsqu'il m'avoit fait reléguer si loin, je le cherchai d'abord pour en tirer quelque vengeance ; mais le Roi de sa grace m'avoit prévenu. J'apris que mon ennemi étoit en prison depuis plusieurs années, * sans esperance d'en sortir.

Mon dessein étoit d'aller après cela trouver ma Nourrice & voir ce qu'étoit devenuë ma chere Lucile ; mais comme je me l'imaginois morte ou mariée, ce qui étoit pour moi à peu près la même chose, je ne m'empressois pas trop à faire ce voyage. D'ailleurs j'étois retenu à Paris par des amusemens qui me firent manger pendant l'hyver une partie du produit de mes pelleteries. Il est vrai que je vivois avec des enfans de la joye qui dépensoient encore

* 1699.

plus

plus que moi; quand il m'en coutoit une peau de castor, ils en étoient pour un arpent de vigne ou de pré. Notre societé qui nous donnoit un grand relief dans le monde se joignoit quelquefois à une autre qui n'étoit pas moins fameuse & qu'on appelloit la Coterie Royale, parce qu'elle s'étoit formée vers la place qui porte ce nom. Malheur aux Cabarets où nous nous assemblions. Nous payions bien la bonne chere, mais nous faisions dans les meubles un degât effroyable.

Les deux Coteries se réunirent un jour chez un celebre Traiteur. C'étoit la Royale qui devoit faire les frais. On complimenta beaucoup un jeune homme qui portoit le deüil & qui étoit à table presque vis à vis de moi. On lui vouloit persuader qu'en conscience il étoit obligé de donner à ses dépens une fête à toute la compagnie en action de graces du bonheur insigne qui venoit de lui arriver. Cet animal là, disoit l'un, n'est-il pas bien-heureux ? il n'avoit qu'un frere, qui étoit son aîné, le ciel l'en a délivré il y a quatre ou cinq mois ; & son pere qui pouvoit vivre encore trente ans, creva la semaine derniere. Ma foi, Messieurs, disoit un autre, quand un pere veut bien faire cette action là, je trouve que c'est la plus belle de sa vie. Le mien recule tant qu'il peut, & je crains que la mode des pleureuses ne soit passée avant qu'il m'en faille porter. C'est pourtant une parure qui sied bien. Regardez, Messieurs, combien cela donne de graces à un jeune homme. Qu'en dis-tu Chevalier ? Chevalier toi-même, répondit brusquement celui qui avoit un habit de deüil. Ce nom me revolte. Je ne l'ai porté que trop long-temps.

Le bon homme à qui Dieu fasse paix ne m'auroit jamais appellé autrement si mon frere n'étoit pas allé à tous les Diables.

Te voilà sans doute fort consolé de cette double perte, lui dit un autre. En peux-tu douter, repartit le Chevalier ? Je serois un grand fou de m'affliger de la mort de mes deux plus grands ennemis. Non, non, Messieurs, ma douleur est sur mes manches. Je veux pourtant pour reconnoître le service qu'ils m'ont rendu en faire un solemnel où nous boirons à leur santé à pleins verres, où nous pousserons l'affliction jusqu'à tomber sous la table. Celle-ci, dit un autre, est propre à nous servir de Mausolée, Je ferai, si tu le trouve bon, l'oraison funebre. Je n'oublirai rien. Je connoissois parfaitement les deux pelerins. Je sçai tout le mal qu'on en peut dire. J'y joindrai même si tu veux, l'éloge de ta mere, qui m'a tout l'air de n'aller pas loin.

Du moins, reprit le Chevalier, ce ne sera pas la douleur d'avoir perdu son mari qui la suffoquera. Elle n'étoit pas moins lasse de lui que je l'étois de toute la famille. Aussi tendre épouse qu'Artemise, il y avoit long-temps qu'elle souhaittoit de tenir dans une urne les cendres de son cher époux, à peine de les avaler. A huitaine donc, Messieurs, poursuivit-il, nous ferons dans huit jours ici le service de mes parens morts. Mais souvenez-vous bien qu'on n'entrera point sans pleureuses. Que chacun fasse aussi provision de mouchoirs, car je vous avertis que la ceremonie sera des plus tristes.

Je riois comme les autres de cette plaisante scene, quand mon voisin s'avisa de me raconter tous les mauvais traitemens que le

Chevalier avoit reçus de sa famille. Ce jeune homme, me dit-il, si son frere aîné ne fut pas mort, auroit eu peut-être le sort de sa sœur qui a disparu tout-à-coup & qu'on dit morte, quoiqu'elle soit peut-être très-vivante. A ces dernieres paroles, je consinderai le Chevalier avec attention, & plus je le regardai plus je trouvai qu'il ressembloit à Mademoiselle du Clos. Je fis ensuite quelques questions à mon voisin, & ses réponses tournerent mon doute en certitude. Ce Chevalier, dis-je en moi-même est assurément le frere de la Sakgame. Avant que de nous séparer je m'aprochai de lui & le priai de m'accorder une heure de sa conversation chez lui le lendemain. Je vous préviendrois, me dit-il, mais j'aime mieux vous attendre au logis, parce que je dois donner à déjeuner à quelques-uns de mes amis, vous serez de la partie.

Je me rendis chez lui le jour suivant sur les dix heures du matin. Il étoit encore au lit, & il y avoit à son chevet une vieille Dame, qui me ceda d'abord sa place & se retira dans une autre chambre. La voilà, me dit-il tout bas, cette tendre mere dont on parloit hier devant vous si avantageusement. Elle ne manque pas tous les matins de venir s'informer de l'état de ma santé. Elle n'en useroit pas de cette sorte avec moi, si mon frere aîné vivoit encore. Avant sa mort ce soin, cette attention n'étoit que pour lui; sa tendresse pour moi, comme vous voyez, n'est pas d'ancienne datte.

Avez-vous toujours, lui dis-je, été le seul objet de son indifférence? Plût à Dieu que cela fût, me répondit-il, je n'aurois pas perdu une sœur que j'ai long-temps pleurée & que je pleure encore toutes les fois que j'en rapelle le souvenir. Mais, ajouta-t-il en soupirant, changeons de matiere, il s'agit de déjeuner & non pas de vous ennuyer du recit de mes chagrins & des affaires de ma famille. Cependant, Monsieur, repris-je, je ne vous ai demandé hier l'entretien que j'ai à l'heure qu'il est avec vous, que pour vous parler de cette sœur dont la perte vous est si sensible. Dites-moi de grace comment vous avez été séparez l'un de l'autre. Monsieur, me repliqua-t-il, sans m'informer de l'interest que vous y pouvez prendre, je veux bien satisfaire votre curiosité là-dessus.

Egalement haïs de nos parens, ma sœur & moi, continua-t-il, nous fumes bannis de la maison paternelle; on m'enferma dans un College de Moines, d'où je ne suis sorti que depuis la mort de mon frere, & ma sœur fut envoyée à je ne sçai quel Convent où elle n'arriva pas, puisqu'elle fut malheureusement tuée en chemin avec un vieux domestique qui la conduisoit. Ce fait est-il bien vrai, interrompis-je ? Il ne l'est que trop, me repartit le Chevalier. Je me souviens d'avoir oüi dire à mon pere qu'il avoit des preuves certaines de l'assasinat du conducteur. Je crois, repris-je, la mort de cet homme bien averée, mais peut-être pouvez-vous douter de celle de votre sœur. Non non, repartit-il, je ne puis me flatter qu'elle soit encore vivante. Si elle l'étoit, auroit-elle gardé un si long silence ? D'ailleurs elle aura vraisemblablement été traitée comme son guide. Et ce guide, lui dis-je, ne s'apelloit-il pas du Clos ? n'étoit-il pas votre gouverneur ? Enfin, n'avez-vous pas été bannis de votre maison votre sœur & vous pour deux chiens que vous vouliez empoisonner.

Ah, Ciel! s'écria le Chevalier, il n'y a que ma sœur au monde qui sçache cette circonstance, & vous ne pouvez l'avoir apprise que d'elle. Au nom de Dieu, ajouta-t-il, tout émû, qu'est devenuë cette chere sœur? Où est-elle, Monsieur? La verrai-je encore? Oüi, lui répondis-je, vous pourrez la revoir; mais la chose ne se peut faire ni facilement, ni sitôt. Là-dessus, je lui contai les malheurs de Marguerite du Clos, & l'histoire de la nouvelle Sakgame des Hurons. Les alternatives de fortune de cette malheureuse sœur, arracherent à ce jeune homme bien des larmes, tantôt de joye, tantôt de tristesse. Il fremissoit à l'idée seule des miseres ausquelles elle auroit été exposée sans moi. L'espece de souverainneté où je la lui represen-tois après cela, le confoloit auffi-tôt. Enfin, je tins ce jeune homme pendant deux heures dans une fucceffion continuelle de joye & de chagrin, de plaifir & de peine.

Lorfque j'eus achevé de lui rendre compte de l'état où j'avois laiffé fa fœur, il fe répandit en difcours reconnoiffans. Il me fit mille proteftations d'amitié. Il exigea de moi que je lui promiffe de prendre un logement chez-lui, en me conjurant de difpofer de fes biens, comme des miens propres; en un mot, de ne nous féparer jamais. Dans l'impetuofité de fa tendreffe pour fa fœur, il vouloit que nous partiffions fur le champ pour l'aller chercher, comme s'il n'eut été queftion que de faire en pofte un petit voyage en France. Mais je lui dis qu'il fuffifoit d'abord de faire donner avis à la Sakgame de la fituation où étoient les affaires de son frere, & de l'inviter à venir à Paris partager son bonheur.

Il s'agissoit donc de faire sçavoir à la Sakgame les intentions du Chevalier. Ce qui n'étoit pas facile. Néanmoins, de peur de le chagriner, je ne lui en fis pas sentir toute la difficulté. Nous écrivîmes en même temps plusieurs Lettres, dans l'esperance qu'elles ne seroient pas toutes inutiles. J'en adressai une au Convent des Peres Recolets de Quebec, une autre à un Marchand de Montreal qui commerçoit avec les Hurons, & une troisiéme à l'Intendant de Canada, à qui le jeune homme la fit recommander par Monsieur de Barbesieux dont il étoit aimé. En attendant une réponse, il m'appelloit son frere, en m'assurant qu'il ne tiendroit qu'à moi de le devenir, & il ne pouvoit vivre un moment fans moi.

Nous allâmes au bout de huit jours célébrer la Fête qu'il avoit promis de donner à ses amis, & dont il devoit faire les frais. Je n'ai jamais rien vû de si plaisant que tout ce qu'inventa cette jeunesse pour faire honneur au Chevalier. Le Panegirique de son pere & de son frere étoit une piece achevée. L'ironie la plus fine & la mieux soutenuë y regnoit partout, & ce discours comique fut prononcé avec un serieux admirable.

La Fête dura presque toute la nuit, & elle auroit été aussi amusante que bizarre, si cette jeunesse tumultueuse eut pû se moderer ; mais après mille extravagances pleines d'esprit, mille cérémonies divertissantes, quoique ridicules pour la plûpart, & remplies d'imprécations contre la coûtume qui soumet les enfans à leurs peres. Un des plus étourdis s'avisa de dire qu'il manquoit une chose essentielle à la Fête : qu'il falloit avoir des femmes, qui par des cris lugubres, fissent le rôle de ces anciennes Romaines que l'on payoit pour pleurer aux funerailles. Chacun applaudit à une si belle imagination ; & ceux qui connoissoient dans le Quartier des personnes propres à faire ce personnage, sortirent pour en aller chercher. Ils nous en amenerent trois, qui ne croyoient assurément pas venir là pour pleurer. Elles prirent cependant la chose fort galamment, & après qu'on les eût mis au fait du service extraordinaire qu'on attendoit d'elles, & qu'on leur eût fait boire quelques razades de vin de Champagne pour les empêcher de succomber à la tristesse que demandoit leur rôle, ces créatures se mirent à faire des lamentations & des cris si perçans, que tout le voisinage en retentit.

Quelque chose que put dire & faire notre Hôte, deux ou trois escouades du Guet attirées par ce tapage funebre, voulurent entrer absolument pour voir eux-mêmes ce qui se passoit dans cette maison. Ils n'avoient pas affaire à des gens disposez à approuver leur curiosité. Nous leur disputâmes l'entrée. Ils firent tête d'abord; mais ils lâcherent pied bientôt après. Nous les poursuivîmes jusques dans la ruë, où un des nôtres en les poussant, tomba percé de deux ou trois balles qu'il reçut dans le corps.

L'Hôte qui nous avoit laissé faire toutes ces folies dans sa maison, fut emprisonné & ruiné. Pour nos trois pleureuses de commande, on les envoya pleurer tout de bon à l'Hôpital. Depuis ce temps-là nos coteries furent tout-à-fait dérangées; nous ne pûmes jamais renoüer de belles parties, pas même nous trouver une demi douzaine ensemble sans être examinés, suivis & montrés au doigt par la populace ; car on contoit de nous d'étranges choses. Les uns disoient de notre derniere assemblée qu'elle n'étoit composée que d'infames Juifs déguisez, & que si le Guet n'étoit pas accouru aux cris des filles enfermées avec eux, ces malheureuses auroient été débaptisées. D'autres prétendoient que c'étoit des sorciers qui tenoient là leur sabbat & que nous avions resolu de perdre par d'affreux orages le reste de la France, comme nous venions de faire depuis peu plusieurs de ses contrées, surtout l'Orleanois & la Bourgogne.

On nommoit même un Archer digne de foi qui par le trou de la serrure avoit vû plusieurs diables qui nous ayant fait signer de notre sang ces terribles commissions, s'étoient envolés par la cheminée en forme de hiboux, laissant la salle & toute la maison empestées d'une vilaine odeur de souffre & de cuir brûlé. On assuroit encore que les femmes que nous avions entraînées avec nous, nous avoient trahis par leurs cris pour se venger de ce que nous les faisions servir de joüet à des démons incubes, afin que les femmes qui seroient grosses en même-temps qu'elles périssent toutes avec leur fruit; & l'on douta si peu de cette particularité parmi le peuple, qu'on dit que cela fit faire à Paris un fort grand nombre de neuvaines.

On fit plus, un Prêtre Normand crut & dit pieusement dans un Prône que notre troupe étoit la même qui, l'année précedente avoit tenu une pareille assemblée dans un moulin auprès de Mante, pendant lequel fabat la grêle avoit presque abîmé cette Ville, sans qu'il en tombât un seul grain sur le moulin. Il ajouta qu'une femme qui avoit été livrée de force à l'esprit immonde, étoit accouchée peu de temps après d'un monstre horrible, qui avoit quatre bras armés de griffes au lieu d'ongles & deux têtes cornuës. Il montroit effectivement une Lettre par laquelle on lui donnoit avis des accidens à quelques circonstances près ; mais ce n'étoit pas user immoderément du privilege des historiens en second que de n'y mettre du sien que des sorciers, des cornes & des griffes.

Je profitai de l'interruption que cette affaire causoit à nos assemblées pour en détourner le Chevalier, que j'appelle toujours ainsi, quoi qu'il ait perdu ce nom en devenant chef d'une illustre famille ; ces sortes de cohuës ne me plaisoient point du tout en mon particulier, & ce jeune homme n'étoit déja que trop dérangé. Il prit fort bien le conseil que je lui donnai là-dessus, & nous nous bornâmes à quatre ou cinq amis dont il voulut bien me laisser le choix.

Pour nous deux nous étions comme inséparables ; on ne nous voyoit guere l'un sans l'autre. A la maison j'étois plus maître que lui. Il vouloit que tout fût commun entre-nous, & soit manque de delicatesse, soit excès d'amitié pour moi, il y auroit volontiers compris sa maîtresse. Il est vrai que se lassant de celle qu'il avoit, il sembloit avoir envie de me la ceder pour en choisir une de la premiere classe ; ce qu'il pouvoit faire alors avec les gros biens dont il étoit devenu maître par la mort de son pere. Veritablement un entremetteur qui s'étoit chargé de soin de lui déterrer un parti brillant, lui trouva bientôt une de ces Belles du grand air, qui sçavent donner du relief à l'amant qu'elles coulent à fond. Celle-ci pourtant n'eut pas le temps de lui faire l'honneur de le ruiner ; elle lui tira seulement quelques plumes les premiers jours, mais s'étant apperçeu que les appas dont il étoit épris n'étoient qu'artificiels, il s'en dégouta & il en fut quitte pour le vin du marché.

Comme je l'aimois veritablement, je lui conseillai de quitter ce train de vie & de songer plutôt à un établissement solide. Je sçai, me dit-il, que vous ne me parlez ainsi que pour mon bien, neanmoins je vous avoüerai que j'ai resolu de ne prendre ce parti qu'après vingt-cinq ans & je vous dirois même quarante, si je n'étois pas fils unique. Hébien, repris-je, portez donc vos vœux à des idoles qui en valent la peine. A votre place, je m'en tiendrois à ce que nous appellons une inclination bourgeoise. C'est donc là votre avis, me repartit le Chevalier ? vous croyez qu'un attachement de cœur, une belle passion me conviendroit ? Je suis ravi que vous pensiez comme moi. C'est mon goût. Cependant avant que je me détermine, je veux consulter le vieux Baron. Je suis persuadé qu'il pense autrement que nous sur cet article. Voulez-vous que je vous dise de quelle façon il parloit dernierement de la galanterie dont il possede les plus fines rubriques. Tu as pris le bon parti, me disoit-il cordialement, il en coute trop à filer le parfait amour avec une personne qui garde des ménagemens & dont on ne difpofe point à fon gré.

Si c'eft par exemple une femme mariée que tu aimes, outre la peine de t'en faire aimer, tu auras celle de trouver des momens favorables & de tromper le jaloux ; il faut être Efpagnol pour n'y pas perdre patience. Les difficultez te rebuteront, à moins qu'elle n'appartienne à un fot, & alors la facilité qu'il y aura à lui confirmer ce titre rendra la tromperie infipide.

La chaîne d'une veuve a bien des charmes, mais fouvent la belle perd un ami, parce que maîtreffe de fa conduite elle fe livre trop & le traite en époux aimé. Il y a bien de l'honneur à mettre une jeune fille fous le joug, il eft glorieux de s'en faire aimer, mais le chemin de fon cœur eft parfemé d'épines & demande plus de patience que tu n'es capable d'en avoir. Premierement si elle est née coquette & que tu ne lui plaises pas d'abord, il n'y a rien à faire ; le cœur d'une coquette se donne au premier abord, ou se défend toujours. Pendant tes plus grandes assiduitez elle te laissera te morfondre à sa porte & tentera d'autres conquêtes.

Si c'est une fille farouche ou simplement ce qu'on appelle une fille sage, qu'il faut d'adresse pour la vaincre ! que de travaux ! que de constance ! Neanmoins ne te rebutes pas. Poursuis-la sans cesse. Elle fuit, mais elle se lassera. Il y aura quelque heureux moment où elle ne sera pas fâchée de trouver, comme Sirinx & Daphné, quelque fleuve au milieu de sa course. Ce sera un bon prétexte pour s'arrêter. Si c'est une prude que tu aimes, autres peines, autres soins, elle exercera ta patience & la fatiguera, si tu ne suis avec elle une methode toute particuliere. Ne l'attaque celle-là qu'avec les mêmes armes avec lesquelles elle se défend. Il faut l'applaudir en tout, avoir du goût pour ce qu'il lui plaît, blâmer ce qu'elle blâme, & tâcher d'être de toutes ses parties. L'occasion fera le reste. Il y aura peut-être quelque quart d'heure de distraction où les sentimens d'honneur & de vertu s'endormiront, & la prude dépourvûë du secours de ces grands mots sera fort foible.

Il y a d'autres filles qui gardant un honnête milieu, ne sont ni sauvages ni coquettes. Celles-là mettent l'amour & la discretion d'un homme à de grandes épreuves avant qu'elles se livrent à lui ; mais aussi après cela son bonheur est digne d'envie, ses plaisirs sont parfaits, sans amertume, sans ennuy, sans dégoût. Elles sçavent se conserver son estime, son amitié, son respect même jusques dans leur foiblesses, ou plutôt elles n'ont que des apparences de foiblesse, & fâchées que l'objet aimé exige d'elles autre chose qu'un cœur tendre, elles ne font que se prêter, pour ainsi dire, à ses propres foiblesses. Je t'en souhaite de cette espece là ; pour moi, je n'ai jamais eu le bonheur d'en rencontrer en mon chemin.

Voila les leçons que ce nouvel Ovide me donnoit l'autre jour, continua le Chevalier, & vous devez bien le reconnoître à ces traits. Je le reconnois bien aussi, lui répondis-je, & il me semble que le Baron est comme ce rat lequel ayant perdu sa queuë vouloit persuader aux autres animaux de son espece que des queuës ne faisoient que les embarrasser & qu'ils devoient tous s'en délivrer.

Le

Le Baron est de l'ancienne Cour : il n'y a plus pour lui de galanterie gratuite. Il voudroit réduire à la mendicité toutes les honnêtes femmes qui refusent des hommages, parce qu'il offroit les siens à leurs meres il y a trente ans. Croyez-moi, l'amour venal est un esclave dont la societé ne fait point honneur & l'on ne doit l'admettre à sa table tout au plus que comme fait le Baron faute d'avoir d'autres convives. Pour vous, Chevalier, étant jeune & fait comme vous êtes, vous devez vivre autrement que lui. Vous voyez combien peu il est estimé avec ses belles maximes. Si les peres défendoient à leurs enfans de le frequenter, il seroit réduit pour toute societé à celle de quelques libertins méprisez par tout comme lui. Il a de l'esprit, je l'avouë, mais son esprit est dangereux. Il est amusant, mais il n'est pas le seul qui le soit. Vous connoissez des gens dont la compagnie n'est pas moins agréable & dont l'amitié ne peut faire rougir.

On ne trouve point mauvais, ajoutai-je, qu'un jeune homme de famille pour connoître le monde goûte un peu des plaisirs qu'il lui presente. On exige seulement de lui qu'il ne s'y abandonne pas tout entier & qu'il y ait du discernement dans le choix qu'il en fait. Les plaisirs d'un Soldat ne sont pas ceux d'un Gentilhomme, & les vôtres doivent differer de ceux d'un avanturier. Il est bon que vous soyez façonné par le beau sexe, c'est-à-dire par des femmes qu'on puisse frequenter sans se familiariser avec la débauche.

Le Chevalier m'interrompit en cet endroit. Je suis convaincu, me dit-il, épargnez vous la peine de me prêcher plus long-tems. Je suis frappé de vos raisons. Faites-moi seulement mettre en pratique vos utiles avis. Je vous laisse le maître de ma conduite. Je ne vous en demande pas tant, lui répondis-je; soyez seulement persuadé que c'est par amitié que je prends la liberté de vous parler comme je fais. Je le sçai, repartit le Chevalier. Sans cela, ajouta-t-il, en souriant, je pourrois croire que vous ne m'exhortez à la vertu que pour vous conserver plus seurement la petite Brune que je vous ai cedée. Il pouvoit bien, sans craindre de me choquer, badiner sur cet article, lui qui m'avoit souvent reproché que je ne faisois guere de cas de ses presens, puisque je m'attachois si peu à sa petite Brune. Cependant cette plaisanterie fut cause que je cessai entierement de voir cette fille, qui n'en devint pas plus malheureuse ; puisqu'elle

I ij

épousa l'Intendant du Chevalier. Ce domestique, quoique riche, n'eut pas de répugnance à la prendre pour femme. Elle valoit effectivement mieux que lui. C'étoit une petite éveillée des plus piquantes ; une rieuse qui avoit toujours quelque conte plaisant à vous faire.

Un jour qu'elle nous divertissoit par le recit des beaux faits d'une beauté fameuse par ses galanteries, je lui demandai si elle avoit connu la D... cette Déesse des amours dont j'étois l'Adonis lors qu'on me fit partir pour le Canada. Si je l'ai connuë, s'écria-t-elle ! c'est elle qui m'a donné les premiers principes du sçavoir vivre. Si je connois le monde, si j'ai quelque éducation, c'est son ouvrage. Helas ! la pauvre fille n'auroit pas fait une si triste fin, si elle eut profité elle-même des conseils qu'elle me donnoit ; mais elle croyoit ne manquer jamais de rien & negligeoit de garder, comme on dit, une poire pour la soif. Avec cela elle avoit un trop bon cœur. Elle n'avoit aucun égard pour elle-même, quand il s'agissoit de servir un ami. Si elle vous avoit oublié aussi facilement que vous nous laissez-là, vous autres hommes, elle ne se seroit pas perduë pour l'amour de vous.

De grace, lui dis-je, expliquez-moi en quoi j'ai eu le malheur de causer celui de cette obligeante personne. C'est ce que je puis vous apprendre, me répondit-elle, car je demeurois alors chez elle, & ma mere étoit sa femme de chambre favorite. Quelques jours avant votre départ vous dites, s'il vous en souvient, à deux ou trois de vos amis que vous aviez une cruelle affaire sur les bras & que le Maltotier chez qui vous travailliez vous faisoit de terribles menaces. C'en fut assez pour les mettre à ses trousses, quand ils virent que vous aviez disparu. Ils se préparerent à lui faire des affaires juridiquement. Votre maîtresse, à qui vous aviez dit la même chose, encore plus allarmée qu'eux, eut l'indiscretion d'interesser pour vous l'illustre amant qui prenoit soin d'elle. Ce Seigneur genereux fit plus qu'elle ne demandoit. Il prit la peine d'aller chez le Maltotier pour le questionner & l'intimider.

Le Maltotier bien loin de paroître effrayé des menaces qu'on lui faisoit, répondit froidement qu'il étoit lui-même fort en peine de vous, que votre absence dérangeoit infiniment ses affaires, parce que vous ne lui aviez rendu aucun compte & qu'il n'avoit osé faire ouvrir votre chambre, quelque besoin qu'il eût de plusieurs papiers qui y étoient. L'obligeant Seigneur envoya chercher un Serrurier, fit ouvrir la chambre, examina quelques livres de compte qu'il rendit au Maltotier, puis faisant l'inventaire de ce qui vous appartenoit, il reconnut plusieurs bijoux qu'il avoit donnés à la D... avec quelques Lettres qu'elle vous avoit écrites & que vous aviez eu l'imprudence de conserver. Il découvrit par là le vrai motif qui engageoit cette Demoiselle à prendre si vivement vos interêts, & piqué de se voir dupé si grossierement, il resolut de la punir de son infidelité.

Vous sçavez qu'il étoit prompt à executer ce qu'il avoit entrepris. Il la vint prendre dès le lendemain matin dans le carrosse qu'il lui avoit donné, pour aller, disoit-il, dîner au bois de Boulogne & s'y promener ensemble le reste de la journée. En arrivant à Paſſy il la chargea d'ordonner elle-même le repas, après quoi il s'enfonça dans le bois avec elle. Là feignant d'avoir beſoin, il s'éloigna d'elle & revint ſeul à Paris, laiſſant là cette malheureuſe ſans caroſſe & ſans amant payer le dîner qu'elle avoit commandé. Ce ne fut pas tout encore & ſon amour changé en haine n'auroit pas été content de cette vengeance. Il pouſſa ſon reſſentiment juſqu'à faire enlever tous ſes meubles & lui procurer un logement dans ce lieu d'horreur dont la porte eſt toujours ouverte aux perſonnes qui ne ſont pas fideles aux amans qui ont du credit.

C'eſt là que j'ai vû pendant trois ans cette pauvre créature dans un état digne de compaſſion. Comme ſes beaux jours étoient paſſez, on ne s'intereſſoit plus pour elle & ne poſſedant rien, elle se trouvoit hors d'état d'acheter sa liberté. Elle ne recevoit aucune consolation que de moi, qui n'ayant pas alors l'argent que j'ay presentement, ne pouvois guére lui procurer de douceurs dans ce lieu de miseres. Le jour enfin qui la devoit délivrer de ses peines arriva : Elle mourut dégoutée du monde & pleurant amerement les desordres de sa vie.

Tel fut le recit que la petite Brune nous fit de la mort de la D... ce que je n'entendis point sans ressentir quelques mouvemens de douleur & de pitié. Il y avoit déja long-temps que je vivois à Paris de la maniere que je l'ai dit & m'y ennuyant je dis au Chevalier que j'avois envie d'aller au pays qui m'avoit vû naître. Véritablement je souhaitois d'apprendre des nouvelles de ma Nourice & principalement de ma chere Lucile, dont je me souvenois toujours avec plaisir. Le Chevalier qui ne recevoit point de réponses du Canada, s'opposa fortement à mon dessein, comme si en me perdant de vûë il eût dû perdre l'esperance de revoir sa sœur. Il se rendit cependant à mes instances, à condition que mon voyage ne seroit que de huit ou quinze jours, & que je le ferois dans sa chaise de poste, escorté par son valet de chambre.

Je partis donc & après quelques jours de marche, * je m'arrêtai dans une petite Ville qui n'est pas éloignée de la Terre du Mesnil. J'apris là que le Château qui porte ce nom n'étoit plus habité que par des Fermiers, que le Baron s'étoit tué malheureusement il y avoit quatre ou cinq ans & que pour joüir toujours

* 1700.

des biens de sa premiere femme, il n'avoit jamais voulu marier sa fille Lucile, rebutant par mille tracasseries tous les partis qui s'étoient presentez pour elle; mais que depuis la mort de ce Seigneur, les parens de Lucile du côté maternel l'avoient retirée d'auprès sa belle-mere & lui avoient fait épouser un vieux garçon Lieutenant general, qui quatre mois ensuite courant trop vîte après le bâton de Maréchal de France, s'étoit laissé tomber dans une tranchée, où il avoit trouvé une mort glorieuse, aussi bien que plusieurs autres braves Officiers qui le suivoient. Enfin que sa jeune veuve devenuë sa maîtresse étoit retournée vers la Baronne du Mesnil qui s'étoit retirée à Ganderon.

Pour ma Nourrice, il me fallut aller jusques dans son Village pour sçavoir ce qu'elle étoit devenuë. On me dit qu'elle avoit fini sa carriere peu de temps avant le Baron du Mesnil. Elle avoit une fille, ajouta-t-on, qui disparut toute jeune sans qu'elle en ait entendu parler depuis. Elle a laissé son petit bien à la Baronne pour le rendre à cette fille, si elle se retrouve, & cette bonne Dame la fait chercher par tout. Je ne doutai point après cela que ma Nourrice ne lui eût fait à mon sujet de plus grandes confidences qu'à moi-même, ce qui me donna autant d'impatience de parler à la Baronne que j'en avois de revoir Lucile.

Ce qui m'embarassoit, c'est que je ne sçavois sous quel prétexte je pourrois me présenter à elles. Je ne connoissois personne à Ganderon, ni dans le pays qui m'y pût introduire ; je craignois de leur faire de la peine & de passer pour un avanturier si j'osois descendre tout droit chez elles. Neanmoins quelqu'un me dit qu'il y avoit une Terre à vendre assez près de Ganderon ; ce qui me fit prendre la resolution d'y aller. Il se trouva que c'étoit justement la Terre de Monneville, qui retournoit à quatre ou cinq heritiers avides après la mort de mon plus proche parent, qui s'en étoit mis en possession, sur la foi des certificats, qui assuroient que le Comte de Monneville mon pere avoit été tué en Westphalie.

J'arrivai à Monneville sur les deux ou trois heures après midi, & mon Guide me fit descendre dans un mauvais Cabaret qui étoit là. J'entrai d'abord dans le Château & tandis que je l'examinois, le Curé qui répondoit ordinairement en l'absence des vendeurs, vint me joindre. Je ne lui eut pas sitôt dit que j'avois dessein d'acheter cette Terre, que me regardant déja comme son Seigneur, il m'accabla de civilitez. Il m'offrit un lit & son souper de si bonne grace & avec une politesse si opiniâtre, que je fus obligé de me laisser conduire chez lui. Ce qui me plaisoit dans ce bon homme, c'est qu'il me paroissoit un grand babillard & je jugeois que ce défaut me seroit d'une grande utilité dans mon entreprise.

Après les premiers complimens qui durerent bien un gros quart d'heure, le vieux Curé m'envisageant fixement, je donnerois, me dit il, tout ce que je possede au monde, pour que cette Terre vous convint. Vous ressemblez si parfaitement au dernier de la famille à qui elle appartenoit avant ces Collatereaux d'aujourd'hui, que je croirois n'avoir point perdu ce Gentilhomme si je vous voyois en sa place. Oui, Monsieur, ajouta-t-il avec transport, seulement à vous voir, je me sens porté à vous aimer autant que je l'aimois & à vous tenir compte des obligations que je lui avois. Elles ne sont pas petites : c'est lui qui m'a fait ce que je suis, c'est lui qui m'a donné ce benefice qui est un des meilleurs du pays.

Je n'aurois pas perdu sitôt cet aimable Gentilhomme, continua-t-il, s'il eût voulu me croire & demeurer ici tranquille, sans se faire un point d'honneur de suivre l'exemple de son pere à qui la guerre avoit été funeste.

Je vis bien qu'il suffisoit de ne pas interrompre ce bon Prêtre pour qu'il ne cessât de parler. Je le laissai donc s'égayer à son aise en faisant le detail de toutes les bonnes qualitez de son défunt Gentilhomme; detail que je lui fis bien repeter dans la suite, quand je sçeus la part que j'y devois prendre. Je le questionnai après cela sur la noblesse du voisinage, lui prêtant une attention qui le charmoit, principalement quand il en fut à l'article de Ganderon & qu'il me parla de Lucile & de sa belle-mere. Il me dit entre autres choses particulieres que ces deux veuves aimoient beaucoup la retraite & ne faisoient pas dans le monde la figure qu'ils y auroient du faire avec les biens dont elles jouissoient & dont il ne manqua pas de me calculer exactement le revenu.

J'ai connu la Baronne, me dit-il, avant qu'elle allât à Paris du tems qu'elle n'étoit que Demoiselle de Ganderon ; que le Convent l'a changée, grand Dieu ! aussi bien que son mariage avec le Baron du Mesnil. Elle étoit alors d'une gayeté extraordinaire, toujours riant, toujours dansant, au lieu que présentement ces jours ne paroissent tissus que de tristesse & d'ennuy, quoy qu'elle ne soit pas encore dans un âge à devoir renoncer aux plaisirs innocens du siecle. Pour la jeune Douairiere, elle ne paroît pas regarder la vie avec tant d'indifference. Ce n'est pas que je croye qu'elle songe à se remarier. Du moins n'y a-t-il aucune apparence qu'elle s'occupe d'une pareille pensée, au contraire elle est attachée si fortement à sa belle mere, que je doute qu'elle la veuille quitter une seconde fois.

Vous jugez bien, poursuivit-il, qu'elle a été recherchée par tout ce qu'il y a de meilleur dans le pays ; outre son bien elle a beaucoup de merite. Elle est sage & bien élevée. Elle n'a peut-être pas été contente de son premier mariage, dis-je, au bon Curé. Elle n'a pas dû l'être, me répondit-il, & c'a été un meurtre de lui avoir laissé atteindre la majorité dans l'état de fille, pour lui donner après cela un aussi vieux mari que celui qu'elle avoit épousé, par l'avidité de ses parens, qui croyoient par là doubler son bien, mais le ciel les en a punis, car il est mort au bout de quelques mois & elle n'en a point eu d'enfans.

Je demandai aussi au Curé si elle ne songeoient point à acheter Monneville. Je ne le crois pas, me dit-il, car elles m'en auroient parlé : Cependant cette Terre conviendroit assez à la Baronne ; mais se voyant sans enfans, elle ne fait aucunes acquisitions. Ainsi, vous pouvez compter qu'elle n'ira point sur votre marché non plus que sa belle-fille. Malgré ce que me dit le vieux Prêtre, je crus devoir profiter pour les voir du pretexte de leur aller faire politesse au sujet de cette Terre, & les assurer que je n'y songerois point du tout, pour peu qu'elles en eussent envie. Je fis entrer le Curé dans mes vûës & il s'offrit à me conduire dès le lendemain à Ganderon.

Je devois passer pour un homme de consequence à juger de moi par l'habit ; jamais Gentilhomme sur le lieu n'en avoit peut-être porté de si riche que celui dont j'étois revêtu, ni même que celui du Valet de Chambre qui me suivoit. Je ne pouvois pas me tromper en abordant les deux Dames. Elles se promenoient toutes seules & le Curé commença par les apostropher nommément & leur parler dès qu'il put s'en faire entendre. Pour répondre au compliment qu'il leur fit en me presentant à elles, ces charmantes veuves me reçurent fort civilement & me dirent qu'elles seroient ravies d'avoir un voisin tel que moi. Nous parlâmes fort peu les Dames & moi, car le vieux Patriarche qui croyoit aparemment être en chaire, ne déparloit point, mais au defaut de nos langues nos yeux firent bien leur devoir. Ceux de la Baronne furent toujours fixez fur moi & les miens fur ma chere Lucile.

Nous nous étions quittez si jeunes cette derniere & moi, qu'il n'est pas étonnant qu'elle ne me reconnut point. J'eus moi-même bien de la peine à me la remettre, quoique je sçeusse que c'étoit elle. Cette visite se passa sans éclaircissement; j'avois neanmoins autant d'envie d'en venir là, qu'elles en avoient de sçavoir qui j'étois. La Baronne s'imaginant que le Curé pourroit l'en instruire, le tira à part pour le lui demander. Elle ne fit que l'embarrasser par cette question, à laquelle il répondit qu'il ignoroit mon nom, mais qu'il n'épargneroit rien pour le découvrir. Je ne me souviens pas de ce que je dis à Lucile pendant ce temps-là, je me souviens seulement que j'étois dans une agitation d'esprit qui lui dut causer de la surprise si elle s'en apperçut.

Un moment après que la Baronne eut quitté l'entretien du Curé pour se mêler du nôtre, ce bon Ecclesiastique l'embarassa extrêmement à son tour : Madame, lui dit-il en me regardant, je ne sçai si mes yeux me trompent. Dites-moi, je vous prie, si dans votre premiere jeunesse vous n'avez vû personne qui ressemblât à ce Monsieur. La Baronne qui ne s'étoit nullement attenduë à cette question, en fut troublée. Elle avoit encore mieux que lui remarqué cette ressemblance dont il parloit. Cependant elle répondit qu'elle croyoit avoir connu quelqu'un dont j'avois quelques traits, mais qu'elle ne se souvenoit pas dans quel endroit. Avez-vous oublié, reprit-il, le Comte de Monneville, grand ami de feu Mr. votre pere & qui fut tué en Franche-Comté en soixante-huit. Il avoit laissé deux fils, dont l'aîné mourut au même temps que lui. Le Cadet lui survecut de quelques années. Tenez, Madame, considerez ces traits ; voilà certainement la vivante image de ce Cadet. Je suis surpris que cela ne vous frappe pas comme moi. Vous étiez déja grande, quand ce Monneville vivoit, & vous avez cent fois joüé tous deux ensemble. Votre pere l'aimoit beaucoup & l'a bien regretté. Pour moi, je lui dois mon petit établissement & je ne l'oublirai jamais dans mes prieres.

Je le disois hier à Monsieur, ajouta-t-il ; cette ressemblance m'a donné pour lui une telle inclination que je voudrois pour beaucoup qu'il s'accommodât de la Terre de Monneville. Hébien, Monsieur le Curé lui dis-je, faites ensorte que je l'aye; vous ne sçauriez me rendre un plus grand service que de me procurer le voisinage de ces Dames, & je vous proteste que vous ne serez pas moins content de votre nouveau Seigneur que vous l'avez été de celui que vous regrettez. L'affaire est entre vos mains, lui dit alors la Baronne, vous pouvez la faire réussir, si vous voulez, puisque c'est vous qui recevez ordinairement les encheres. Le Curé là-dessus promit de mettre tout en usage pour en venir about.

En prenant congé de ces deux veuves, je les priai de me permettre de les assurer quelquefois de mes respects, tant que je serois dans ce Pays-là. Elles me répondirent que je leur ferois plaisir, & comme c'étoit ce que je demandois, je n'eus garde d'y manquer. Il étoit fête le lendemain. J'appris qu'on difoit à Ganderon une Meffe à neuf heures, & que les Dames y affiftoient d'ordinaire. L'impatience me prit d'y aller & de m'y faire connoître. Je me trouvai dans l'Eglife avant elles, & quand elles arriverent, la Baronne m'ayant apperçû, m'envoya prier fur le champ de me placer avec elles dans leur banc.

Après la Meffe, je leur donnai la main pour les reconduire ; & je leur dis qu'au hazard de paffer pour un importun, je prenois la liberté de leur venir demander à dîner, mais préalablement une converfation particuliere. Elles parurent étonnées de mon compliment. Lucile furtout fe montra mécontente en n'entrant avec nous dans le cabinet de la Baronne qu'avec peine & par pure bienfceance ; encore ouvrit-elle
toutes

toutes les fenêtres, & affecta de ne vouloir pas que la porte fut fermée. Quand nous fûmes assis : Madame, dis-je à la Baronne, vous fîtes sentir hier au Curé de Monneville qu'il vous feroit plaisir de s'informer qui je suis & de vous en rendre compte ; quelques recherches qu'il fasse, il ne réüssira pas. Quoi que je sois né dans ces Quartiers, & même assez près du Mesnil, où j'ai eu l'honneur de vous voir long-temps l'une & l'autre, je suis seur de n'être connu ici de personne. Ce qui ne doit pas vous surprendre, puisque j'ai quitté ce Pays-ci dès l'âge de douze ans. Peu d'années après je sortis du Royaume pour passer aux Indes, d'où je ne suis de retour que depuis quelques mois.

Pendant ce voyage, qui comprend presque toute ma vie, j'ai toujours été dans une ignorance absoluë de la chose qu'il m'importe le plus de sçavoir, & qui seule aujourd'hui m'attire en ces lieux. Je vais vous étonner en vous disant ce que j'ignore, & à qui je viens m'adresser pour m'en éclaircir. J'ignore qui je suis ; & c'est de vous, Madame, dis-je à la Baronne, que je viens l'apprendre, puisque c'est à vous seule que l'aura révelé en mourant la seule personne qui le sçavoit. La nourrice qui m'a élevé.

La Baronne n'étoit pas en état de me répondre ; elle changea de couleur & s'évanoüit entre les bras de Lucile, qui ne sçachant que penser de ce qu'elle voyoit, étoit dans une extrême étonnement. Cependant la Baronne repris l'usage de ses sens, & jettant sur elle des yeux à demi ouverts : Hé quoi, ma fille, lui dit-elle, vous ne reconnoissez pas la petite sœur avec laquelle vous avez été élevée ? Oüi, Madame, dis-je alors à Lucile, c'est moi qui sous un autre habillement ai passé les premieres années de ma vie auprès de vous. Vous me faisiez l'honneur de payer de votre amitié le tendre & respectueux attachement que j'avois pour vous, permettez moi de vous en faire souvenir.

Tandis que Lucile rappeloit ses idées, la Baronne l'assuroit que je disois la verité, & de mon côté, je lui citois tant de circonstances de notre éducation qui n'étoient connuës que de nous, que se laissant enfin persuader, & me regardant d'un air encore tout interdit : Si vous êtes cette petite sœur, me dit-elle en soûpirant, vous devez me tenir compte de bien des larmes que vous m'avez coutées, & dont j'aurois été moins prodigue, si je vous avois cru d'un sexe que je ne devois ni tant aimer ni tant plaindre.

Elles me firent aussi-tôt tant de questions l'une & l'autre, qu'il me fallut dès ce moment même commencer à leur conter mes avantures, & principalement de quelle façon j'avois quitté le Pays, personne n'ayant jamais sçu ce que je pouvois être devenu. Pendant cet entretien, & tant que le dîner dura, je voyois de temps en temps la jeune veuve, que je ne sçaurois appeller que Lucile, tomber dans une rêverie qui me faisoit juger qu'elle doutoit encore que je fusse bien ce que je disois. J'étois au désespoir qu'elle ne me reconnût que comme par degrez.

Comme je ne doutois pas que ma nourrice n'eût déclaré en mourant à la Baronne bien des choses qu'elle n'avoit osé me reveler à cause de ma jeunesse, j'étois fort impatient de faire parler cette Dame là-dessus. Lucile même se joignit à moi pour la prier de satisfaire une si juste curiosité ; neanmoins nous ne gagnâmes rien. Quelque amitié que Madame du Mesnil eut pour sa belle fille, elle la trouvoit de trop dans un éclaircissement où elle se défioit d'elle-même & n'étoit pas seure de ne me découvrir que ce qu'elle voudroit.

Tout ce que j'ai sçu de votre nourice, me dit-elle, c'est qu'elle m'assura qu'elle n'étoit point votre mere, qu'elle vous avoit toujours aimé comme si vous eussiez été son propre enfant, & qu'enfin elle vous destinoit le peu de bien qu'elle avoit, si je voulois bien m'en charger pour vous le rendre un jour, si vous paroissiez dans le pays. Elle me fit aussi bien des excuses, ajouta la Baronne, de la tromperie qu'elle m'avoit faite en vous laissant dans ma maison habillé en fille.

Eh, Madame, lui dis-je, ne

m'obligez point à demi. Je sçavois déja ce que vous venez de me dire ; c'est le reste que je vous conjure de ne me point celer. Fixez-vous auprès de nous, me répondit-elle en souriant ; accommodez-vous de la Terre de Monneville ; après quoi si je sçai quelque chose de plus & que je m'en souvienne ; je vous promets de vous en faire part. Songez à la promesse que vous me faites, lui repliquai-je, s'il ne s'agit que de faire cette acquisition pour être au fait de ma naissance, je viendrai dans peu vous sommer de votre parole.

Il ne fut plus question que d'affermir Lucile dans la foi qu'elle commençoit d'ajouter à nos discours. Il me vint sur cela une pensée qui fit plus d'effet que tout le reste : Je quittai pour un moment ma perruque & pris à l'aide des femmes de chambre du Château une coeffure pareille à celle que je portois à l'âge de dix ans. Enfuite je me prefentai devant les Dames & feignant de pleurer, je m'aprochai de Lucile pour la prier de me confoler comme autrefois en me permettant de lui baifer la main. Oh ! pour le coup, dit-elle à fa belle-mere, la voilà elle-même, c'eft ma petite fœur. Vous en fouvenez-vous, Madame, quelque chagrin qu'elle eût en lui donnant ma main à baifer, je la confolois ; c'étoit un remede à tous fes maux.

Vous fouvenez-vous bien auffi, dis-je alors à Lucile, que vous me promettiez de m'aimer toujours ? promeffe d'enfant, répondit-elle ! Promeffe d'enfant tant qu'il vous plaira, dit la Baronne, j'entens un homme qui vous aidera volontiers à la tenir. C'étoit le Curé de Monneville qui arrivoit & dont on entendoit la voix, quoi qu'il ne fût encore que dans la basse-cour. Ce bon Prêtre du plus loin qu'il apperçut les Dames, leur fit dix questions sans leur donner le temps de répondre à une seule. Pour moi, criant plus haut que lui, je lui dis en l'abordant que j'étois enfin déterminé à devenir Seigneur de sa Parroisse à quelque prix que ce fût ; ce qui lui causa une si grande joye qu'il en parut tout transporté : Madame, dit-il à Lucile en se mettant les deux poings sur les côtez, nous verrons si mon Gentilhomme sera traité comme les autres. Oüi, jeune veuve dédaigneuse, je veux qu'avant six mois d'ici il vous rende le veuvage ennuyeux.

Ce compliment qui nous fit tous rire ne laissa pas de m'être fort agréable, & la Baronne n'eut pas moins d'envie que moi de travailler à l'accomplissement de cette menace prophetique. C'est ce que je découvris bientôt. Un millier d'écus que j'offris de plus qu'aucun autre me mit en possession de la Terre & du nom de Monneville. Dès que la chose fut faite, je courus chez Madame du Mesnil : votre conseil, lui dis-je, a été un ordre pour moi. Ma demeure est fixée. Je ne quitterai plus un pays qui m'a vû naître & qui m'a rappellé de si loin. Vous sçavez dans quelle inquietude je suis, m'y laisserez-vous encore long-temps ? Non me répondit-elle, suivez-moi seulement. A ces mots, elle me conduisit dans une chambre écartée, où se voyant seule avec moi, elle me parla dans ces termes.

Puisque la Terre de Monneville est à vous, je crois pouvoir vous dire à present ce que je refusai ces jours passez de vous découvrir, dans la crainte que l'envie de rentrer dans ce bien par

une autre voye ne vous fît hazar-
der des démarches qui dans le
fonds auroient été inutiles & qui
auroient perdu de réputation plusieurs personnes. Le compliment
que l'on vous fait par tout que
vous ressemblez parfaitement au
dernier Comte de Monneville
n'est pas mal fondé. Vous êtes
son fils. Seroit-il bien vrai, Madame, interrompis-je avec émotion, que ce Gentilhomme fût
mon pere ? Oüi, Monsieur, reprit-elle ; mais vous êtes dans une
impuissance absoluë de vous faire
jamais reconnoître pour tel, puisque vous n'en sçauriez avoir d'autre preuve que le témoignage de
votre nourice. Preuve qui vous
devient inutile, parce qu'elle n'a
seurement fait cette confidence
qu'à moi seule & qu'elle m'a dit
que ce mariage n'avoit jamais été
declaré.

C'est toujours assez, Madame,

lui dis-je, pour ma satisfaction particuliere de sçavoir que je suis de cette illustre famille. Je me consolerai de ne pouvoir faire aucun usage de cette connoissance. Mais, de grace, achevez. Pourquoi le Comte ne daigna-t-il pas me reconnoître ? Pourquoi celle qui me donna le jour m'abandonna-t-elle, quand je perdis mon Pere ? Aurois-je eu le malheur de la perdre en même temps ? Etoit-elle digne de sa tendresse ? qui étoit-elle enfin ? C'est ce que je ne puis vous apprendre, repartit la Baronne : votre nourice ne me la nomma point & me dit même qu'elle ne l'avoit jamais connuë. N'importe, Madame, lui dis-je, vous pouvez me la faire connoître sans son secours. Peut-être n'ignorez-vous pas quelles personnes mon pere voyoit alors familierement. Rappellez-vous ce temps, vous ne sçauriez man-

K vj

quer de démêler ma mere.

Quand mes soupçons pourroient devenir une certitude, me répondit la Baronne, quel fruit tireriez-vous de cette connoissance ? vous seriez peut-être cher à une personne à qui vous ne donneriez pas vous-même votre estime ; car enfin les obstacles qui empêchoient vos parens de rendre leur union publique n'étoient pas levez, quand la mort enleva votre pere. Pensez-vous que dans de pareilles circonstances une personne d'honneur voulût vous reconnoître aujourd'hui publiquement ?

A Dieu ne plaise, lui dis-je, Madame, que j'exigeasse cela de sa complaisance. Je ne voudrois connoître cette personne infortunée que pour la consoler en secret de la perte de mon pere, si elle y est encore sensible, pour en parler sans cesse avec elle, mêler mes larmes avec les fiennes, la respecter & la cherir autant que je le dois. Mais non, je suis trop malheureux pour pouvoir joüir d'une si grande consolation. Si ma mere est vivante je ne puis la connoître ni gouter la douceur de ses embrassemens, & j'apprends que mon pere n'est plus avant que d'apprendre son nom. Je suis même privé de la triste consolation d'arroser son tombeau de mes larmes, puisque les précieux restes de ce brave homme sont, à ce que j'ai oüi dire, au fond de l'Allemagne.

Hélas ! reprit la Baronne en poussant un profond soûpir, il n'est que trop vrai qu'il a perdu le jour, mais il n'en a pas été privé si loin d'ici. Ce sont des horreurs que je n'ose vous dire, & auxquelles je ne puis songer sans fremir. Je vis couler ses pleurs quand elle prononça ces paroles. Cela me fit ouvrir les yeux, & rappeller plusieurs traits pareils qui lui étoient échappez.

Vous pleurez, Madame, lui dis-je, vous pleurez en me parlant de la mort de mon pere : permettez-moi de m'expliquer & de vous dire ce que je pense : La crainte que vous avez qu'on ne soupçonne les personnes que mon pere voyoit avant ma naissance ; la part que vous prenez à ce qui me regarde, l'état où vous vous trouvâtes quand vous me reconnûtes, vos regards même en ce moment me découvrent la verité. Puis-je me tromper à tant d'indices ? Non, Madame, non, mon cœur me parle encore avec plus de certitude, vous êtes ma mere.

Je me jettai à ses genoux en lui parlant ainsi. Elle étoit plus morte que vive, & ne me répondit qu'en m'embrassant. Après un assez long silence, plus expressif que les paroles, elle me fit relever; & me conta de quelle maniere après avoir promis au Comte de Monneville de n'être jamais qu'à lui, elle s'étoit déterminée à épouser le Baron du Mesnil, croyant comme les autres que le Comte avoit été tué en Allemagne.

La Baronne me dit ensuite : Je vous aurois reconnu dès votre enfance, si votre nourrice ne m'eût pas déguisé votre sexe, parce que vos traits me rappelloient dès-lors ceux du Comte ; & que je reconnoissois parfaitement cette femme pour celle à qui je vous avois confié en naissant ; mais je n'avois garde de lui demander ce que vous étiez devenu. Ce ne fut qu'à sa mort que je fus éclaircie de tout. Il y a quatre ou cinq ans qu'étant tombée dangereusement malade, elle me fit dire qu'elle souhaitoit de me parler en secret. Le Baron du Mesnil qui vivoit encore, me conduisit aussi-tôt chez elle; & m'attendit plus d'une heure dans son carosse, tandis que cette bonne femme me raconta l'histoire de votre naissance que je sçavois aussi-bien qu'elle. Mais quand elle m'apprit que sa fille étant morte, elle vous avoit pris à sa place, & élevée sous mes yeux comme telle, jugez qu'elle fut mon étonnement. Il égala le déplaisir que j'eus ensuite, quand elle me dit de quelle façon votre pere s'étoit venu faire tuer à la porte du Château du Mesnil par le Baron même. J'étois immobile & presque sans sentiment pendant qu'elle me fit ce cruel détail, & à peine eus-je la force de tendre la main pour recevoir le portefeüille du Comte, dans lequel outre son écriture, je reconnus quelques billets que je lui avois écrits.

Le Baron qui m'attendoit impatiemment à la porte, fut assez

surpris de me voir revenir dans l'état où j'étois. Heureusement, le triste devoir que je venois de rendre à cette bonne femme, lui parut la veritable cause de mon trouble. Je ne répondis pas un mot aux plaintes qu'il me fit de la longueur de ma visite; & je ne pouvois jetter les yeux sur lui sans fremir d'horreur. C'étoit mon époux, mais c'étoit aussi l'assassin de la personne à qui j'avois auparavant donné ma foi. Quelques efforts que je fisse pour lui cacher mon chagrin, & l'invincible aversion que j'avois pour lui, il s'en apperçût; & s'il ne fut pas mort presque en même temps que la nourrice, nous aurions infailliblement vêcu fort mal ensemble; par bonheur il fut tout à coup frappé d'une maladie mortelle, & il n'eut que le temps de mettre ordre à sa conscience, qui n'étoit pas dans une disposition favorable pour le salut de son ame.

Ce malheur subit ne laissa pas de me toucher; mais au lieu de me tenir compte de mes pleurs, les dernieres paroles qu'il m'adressa, furent pour me feliciter de ma liberté prochaine, & se plaindre de mon refroidissement à son égard, ou plûtôt de la perte qu'il avoit faite de mon estime & de mon amitié sans en sçavoir la cause.

La Baronne cessa de parler en cet endroit, & je pris ainsi la parole: Madame, je regarde le bonheur de vous connoître pour ma mere comme le plus grand qui puisse jamais m'arriver. Vous pouvez disposer de moi plus absolument que si toutes les loix civiles me soumettroient à vous. Et la premiere grace que j'ose vous demander en qualité de fils, c'est de me permettre de demeurer toujours avec vous. Elle fut ravie de me voir dans ce deffein, & me dit que le fien étoit de m'attacher fi bien auprès d'elle, qu'il ne me fût pas inutile de l'avoir connuë. Elle me déclara qu'elle avoit envie de m'unir avec Lucile, à laquelle elle me pria de ne communiquer jamais ce qu'elle venoit de m'apprendre, pas même après notre mariage fi elle pouvoit le faire réüffir.

Elle fonda là-deffus la jeune veuve, qui lui avoüa qu'elle avoit la même penfée, & qu'elle fouhaiteroit d'avoir fa petite fœur pour mari : que malheureufement la chofe lui paroiffoit impoffible, attendu que fa famille, qui avoit tant d'interêt à l'empêcher de fe remarier, ne manqueroit pas de la chicaner fur l'embaras où nous ferions de montrer des preuves de mon nom, de ma famille, de mes qualitez & de mon Pays. La Baronne lui dit qu'effectivement elle prévoyoit des difficultez de ce côté-là; mais qu'elle croyoit que je trouverois bien moyen de les lever quand il n'y auroit plus que cela à faire.

Je fus admis dans leur petit conseil, & je fis à Lucile mille tendres remercimens des bontez qu'elle avoit pour moi. Pour répondre à la difficulté qu'elles me proposerent, je leur dis que je ne leur demandois que la permission de me laisser faire un voyage à Paris, que là j'engagerois quelqu'un des amis que j'y avois à me faire passer pour son parent, à peine de ressusciter en moi quelque branche éteinte de sa famille: qu'avec cela je pourrois acheter une Charge chez le Roy, laquelle me donneroit un petit relief qui empêcheroit les parens de Lucile de s'opposer à mon bonheur. Elles applaudirent à mon dessein, & je me préparai sur le champ à partir pour l'exécuter.

Il ne me restoit pas beaucoup d'argent, & je ne pouvois faire fond que sur l'amitié du Chevalier, qui m'avoit fait mille offres de service. Je comptois bien que pour me faire trouver des especes, il ne refuseroit pas d'être ma caution. Je ne le mis pourtant point à cette épreuve, puisque la Baronne en me souhaitant un bon voyage, fit mettre dans ma chaise une cassete, où je trouvai quarante mille livres, tant en or qu'en Lettres de Change.

Mon absence avoit paru bien longue au Chevalier. Je le trouvai desolé de n'avoir point de nouvelles de sa sœur. Il vouloit absolument l'aller chercher lui-même chez les Sauvages. Je n'eus pas peu de peine à lui promettre que je l'accompagnerois, s'il falloit necessairement en venir là. Dès qu'il sçut mon prochain mariage & ce qui m'amenoit à Paris, il vint avec moi à Verſailles, où il me fit bientôt traiter d'une charge qui pouvoit dans mon pays jetter de la poudre aux yeux. Auſſi tout mon argent y fut employé. Je me fis faire aux frais du Chevalier une livrée pareille à la ſienne & un magnifique équipage pour m'aller établir à Monneville, équipage ſi riche & ſi brillant, que comme celui de Phaëton il ſuffiſoit ſeul pour faire taire l'envie, ou ſi vous voulez pour l'exciter.

Un certain air de grandeur & d'opulence en impoſe infiniment dans une Province. Tous mes Vaſſaux furent pluſieurs jours ſous les armes & je recompenſai bien leur zele. On ne parloit que de Monſieur le Comte de Monneville, on ne ſongeoit pas ſeulement que je duſſe avoir un autre nom. Je fis d'abord mes viſites avec beaucoup de fracas, & l'on étoit reçu chez moi comme on l'auroit été chez le Gouverneur de la Province. Je ne jurois que par les Seigneurs de la Cour & je tâchois d'infinuer que perfonne n'avoit là plus de credit que moi. Je difois d'un autre côté que le pays me plaifoit, que je voulois bâtir & acheter. Je faifois à regret ce rolle, mais il m'étoit utile de le faire. Les parens de Lucile éblouïs comme les autres de mes faftueufes apparences, fe crurent trop heureux que je vouluffe bien entrer dans leur famille fur laquelle ils fe flattoient que j'allois attirer les benignes influences de Verfailles.

Nous ne jugeâmes cependant pas à propos de laiffer languir la chofe. Pendant que le Curé de Monneville propofoit ma main à Lucile, qui feignant d'en être furprife demanda du temps pour y faire fes reflexions; je vifitai les parens & follicitai leurs fuffrages d'un air poli & pourtant plein de cette confiance qu'ont ceux qui ne craignent point un refus. Ma recherche ne leur déplut pas. Je feignis à mon tour que j'avois befoin de l'agrément de quelques parens que j'avois à Paris, & j'écrivis au Chevalier que je le priois de me tenir la promeffe qu'il m'avoit faite de venir à mes noces comme parent, avec deux de nos amis que j'avois engagez à faire avec lui cette partie.

Ils y vinrent tous trois habillez fi fuperbement & avec un fi grand train, qu'en voulant me faire honneur ils auroient fait découvrir notre innocente fupercherie, s'il y eut eu dans le pays quelque Genealogifte, puifque faifant une figure de grands Seigneurs, le Chevalier ne m'appelloit que fon frere & les autres leur coufin. J'expliquai aux Dames cette fraternité

ternité prétenduë, en leur apprenant que le Chevalier ne me nommoit pas autrement depuis que nous nous connoissions, ayant eu dessein de me faire épouser une sœur qu'il avoit dans la nouvelle France.

Les Nôces se célébrerent à Ganderon avec une pompe & une magnificence que l'on n'avoit pas coûtume de voir dans le Pays, ce qui fit plus de plaisir à la Baronne qu'à Lucile, qui auroit mieux aimé se remarier avec moins d'apareil & de bruit. Nous partîmes peu de jours aprés tous ensemble pour Paris afin d'y passer l'hyver. La Baronne ma mere y tomba malade; & comme il y a là plus de Médecins qu'il n'en faudroit, elle y pensa laisser la vie. Ce qui rendit cette Ville si odieuse à ces deux Dames, qu'elles me conjurerent de les remener à la Campagne.

J'avois aussi tant de goût pour

la vie tranquille que je menois avec elle en Province, que je me laſſai bientôt de ma Charge. Je priai le Chevalier de m'en défaire, & d'obtenir pour cela l'agrément de la Cour. Il me rendit volontiers ce ſervice, à condition que je ferois avec lui le voyage de Canada, comme je le lui avois promis. J'eus beau m'en vouloir défendre & lui repreſenter la répugnance que ma jeune épouſe auroit à y conſentir, il ne me fut pas poſſible de réſiſter à ſes perſécutions. Il les pouſſa juſqu'à me faire ordonner de la part du Roy, même par Monſieur de Pontchartrin, qui pour m'y obliger encore par un autre moyen, me fit mettre en dépôt le prix de ma Charge pour ne me le rendre qu'à mon retour. Je vis bien qu'il me falloit abſolument acheter mon repos par cette derniere démarche. Je m'y réſolus donc contre le ſentiment de Lucile, qui pour rompre ce voyage auroit volontiers abandonné notre argent au dépositaire.

Avant notre depart, le Chevalier fit une grosse provision de tout ce que je lui dis être convenable pour les presens qu'il vouloit faire aux Sujets de la Sakgame sa sœur, il dégarnit plusieurs boutiques d'Armuriers, de Miroitiers, de Clincailliers & d'autres Marchands, sans parler des Colifichets du Palais. Je suis seur que nous emportions pour plus de dix mille écus de bagatelles.

En sortant d'Amboise, notre chaise de poste versa, j'en fus quitte pour quelques contusions à la tête ; mais le Chevalier se cassa un bras. Un mauvais Chirurgien qui étoit là ne voulant point entreprendre de le remettre, nous obligea d'en envoyer chercher un à Tours. Nous n'avions pas de temps à perdre. Nos marchandises étoient embarquées à Nantes, & l'on n'attendoit qu'un vent favorable pour mettre à la voile. Il n'y avoit pas moyen cependant d'expofer le Chevalier aux fatigues de la mer dans l'état où il étoit. Je lui confeillai de s'arrêter à Amboife, de s'y faire guerir tranquillement, & de me laiffer feul continuer la route, en l'affurant que fi je faifois feul ce voyage, j'y mettrois moins de temps, que s'il venoit avec moi. Il me délivra donc mes Lettres de créance, & je me féparai de lui.

En arrivant à Quebec, on me dit chez l'Intendant & aux Recolets que fur nos Lettres de Paris on avoit fait toutes les démarches poffibles pour découvrir ce qu'étoit devenuë Mademoifelle du Clos, fans que perfonne eut pû la déterrer, quoiqu'on l'eût fait chercher par des Miffionnaires &

des Soldats vers le lieu même que nons avions désigné. Il fallut donc me résoudre à continuer mon voyage, sans sçavoir si je la trouverois moi-même où je l'avois laissée. Je fis charger sur plusieurs Canots les balots & les caisses destinées pour sa petite Cour, & je m'embarquai pour Montreal, où je me proposois de laisser le tout, plûtôt que d'en faire faire au hazard un transport plus long & si difficile.

Avant que de passer outre moi-même, je me déterminai à perdre quelques jours, au lieu de risquer de faire en vain le plus penible du chemin. Tandis que je me re-repofois, j'envoyai vers le petit Fort où j'avois demeuré, deux hommes entendus qui en sçavoient la route avec des Lettres pour les particuliers à qui j'avois vendu mon Habitation, ne doutant point que les jeunes gens que j'y avois connus, n'eussent entretenu quelque liaison avec la Sakgame que je leur avois fait connoître & ne m'en donnassent des nouvelles.

En attendant leur retour, j'eus de longues conferences avec l'Abbesse de Notre-Dame de Montreal. Je m'étois chargé de la voir de la part d'un de ses parens qui étoit ami du Chevalier. C'étoit une Religieuse toute décrepite, qui avec un zele sans exemple, avoit soutenu les plus accablantes fatigues pour porter la lumiere de la foi parmi toutes sortes de nations Sauvages, où elle avoit vû deux de ses nieces qui la suivoient partout prises & déchirées par ces furieux Cathecumênes. Elle s'appelloit, je crois, Bourgeois. Elle étoit d'une très-bonne famille de Champagne, & elle avoit été la premiere Abesse de son Convent.

Je me souviens que cette sainte

Dame répandit bien des pleurs, quand je lui lûs la réponse que je reçûs au sujet de Mademoiselle du Clos. Elle étoit écrite de la main même du jeune homme qui m'avoit accompagné chez les Hurons, & elle étoit conçûë dans ces termes : Vous avez fait inutilement bien «
du chemin, si vous ne cherchez «
que Mademoiselle du Clos. «
L'autorité du Roy par l'ordre «
duquel vous venez, dit-on, la «
trouver, est impuissante auprès «
d'elle. Au fond de son tombeau, «
elle ne reconnoît plus dans ce «
monde aucun pouvoir. Cette «
incomparable Demoiselle ne vê- «
cut pas long-temps après votre «
départ de ce Pays. Sa mort a «
été fatale pour bien des per- «
sonnes, & l'auroit été pour moi- «
même, si elle eut été récente, «
lorsque j'ai été en dernier lieu «
dans le Quartier des Hurons où «
elle régnoit. Les François que «

» vous avez vûs auprès d'elle au
» nombre de vingt-cinq, ont été
» pour la plûpart immolés sur son
» tombeau. On diroit qu'elle
» avoit prévû ces tristes effets de
» l'amour qu'on lui portoit, puis-
» que pendant sa maladie, elle
» en renvoya quelques-uns en ce
» Pays sous differens prétextes.
» On dit qu'entre autres elle vou-
» lut rendre ce service à son Mis-
» sionnaire, & qu'elle l'avoit char-
» gé de plusieurs Lettres pour
» vous & pour sa famille ; mais
» comme il refusa de l'abandon-
» ner tant qu'il espera qu'elle en
» pourroit revenir, il partit trop
» tard. Il fut repris aparemment
» & tué en chemin, car on ne l'a
» pas revû depuis. Ce n'est pas
» tout, Monsieur, huit des plus
» aimables filles qui étoient au-
» près d'elles voulurent aussi la
» suivre dans l'autre monde pour
» la servir & lui tenir compagnie,

la Sakgame eut beau les conjurer «
de renoncer à de si detestables «
maximes, elle ne put rien obte- «
nir & en expirant elle entendoit «
celles qui ne devoient pas lui «
survivre prendre leurs arrange- «
mens pour l'autre monde, com- «
me on fait en celui-ci pour un «
voyage de cinquante lieuës. Ce «
qu'elle crut pouvoir faire de «
mieux dans ses derniers momens «
pour ces miserables filles, c'est «
qu'elle leur assura qu'au pays des «
morts elle ne recevroit en sa «
compagnie que celles qui seroient «
chrétiennes comme elles, ce qui «
engagea les filles qui n'avoient «
pas pris ce parti à se faire bapti- «
ser solemnellement avant que de «
mourir. Depuis ce temps-là, «
Monsieur, il ne se passe pas de «
jour que plusieurs Sauvages n'ail- «
lent fumer sur son tombeau & «
lui demander à haute voix si elle «
n'a besoin de rien. Ce fut peut «

L v

» être le zele & l'empressement
» avec lequel je fis cette ceremonie
» avec eux qui me sauverent du
» sacrifice. Ils m'en sçurent bon
» gré & parurent sur tout enchan-
» tez de mon bon cœur, quand ils
» me virent mettre sur son tom-
» beau mon argent, mon couteau
» & mon épée, avec tout ce que
» j'avois de bijoux, lui promet-
» tant de venir souvent lui faire
» de semblables presens. Si vous
» doutez, Monsieur, de ce que je
» vous dis, prenez une escorte
» nombreuse & je vous accom-
» pagnerai jusques sur le lieu mê-
» me.

Je ne crois pas qu'on puisse être plus touché que je le fus en apprenant ces nouvelles & les rapports que me firent les deux hommes qui me les apporterent. Ils me dirent que cette Demoiselle n'étoit pas moins aimée des François que des Sauvages, & que dans toutes les familles où je les avois envoyez perſonne ne leur avoit parlé d'elle que les larmes aux yeux. Tout ce que Mademoiſelle du Clos m'avoit dit de l'attachement que les Hurons avoient pour elle, ne me laiſſa pas douter un moment que ce que j'en aprenois ne fût veritable. Je fut tenté vingt fois d'envoyer chez ce peuple ſi reconnoiſſant tous les preſens que j'avois apportés pour lui ; ce que j'aurois fait certainement ſi les effets m'euſſent appartenus. Mais je craignois que le Chevalier ne le trouvât pas bon, & je troquai le tout contre des pelteries dont il n'a cependant pas profité, puiſque le Vaiſſeau dans lequel j'étois pour repaſſer en France, fut attaqué vers le grand banc de terre neuve & pris par les Anglois.

Nous fumes conduits à Boſton dans la nouvelle Angleterre. Deux passagers prisonniers comme moi firent entendre au Capitaine que je devois être un grand Seigneur, puisque j'étois connu de Loüis XIV. & venu par son ordre en Canada. Ce qui obligea les Anglois à me traiter durement pendant quelques années, en me faisant travailler aux ouvrages les plus penibles, & quand je n'y pouvois plus resister, on me laissoit reposer au fond d'un cachot. On en usoit avec moi de cette sorte pour me forcer à me racheter par une rançon de cent mille livres qu'on avoit l'insolence de me demander, aussi bien qu'au Gentilhomme qui étoit avec moi.

Le Capitaine du Vaisseau que vous venez de prendre, nous acheta là comme on achete des Esclaves pour gagner sans doute sur le prix que nous lui coutâmes. Il nous a traînez depuis un an à la Jamaïque & sur les côtes d'Afrique. Nous souhaittions qu'il nous menât en Angleterre, parce qu'on trouve là des personnes qui connoissent toutes les grandes familles de France & qui l'auroient détrompé sur notre compte. Mais graces à Dieu voilà notre rançon gagnée, car je ne crois pas que vous mettiez à prix la liberté que nous vous devons. Nous en avons toute la reconnoissance dont nous sommes capables, & c'est tout ce qu'exigent les cœurs genereux.

Fin du cinquiéme Livre.

LES AVANTURES DU CHEVALIER DE BEAUCHENE.

LIVRE SIXIE'ME.

Continuation de l'Histoire du Chevalier de Beauchêne. Il rencontre deux Vaisseaux Anglois Gardes-Côtes, qui le font prisonnier. Pour recouvrer sa liberté, il forme un projet qui ne réussit point. Il est mis à terre avec ses Compagnons au pied d'un rocher dans les déserts de Guinée, où on les laisse sans vivres & sans armes. Après avoir essuyé mille dangers, Beauchène avec deux de ses Compagnons arrive au Cap-Corse, où il retombe entre les mains du Capitaine qui l'avoit pris. Il est enfermé dans un souterrain & remis en liberté. Il est conduit à Juda. Il y est bien reçû par Monsieur de Chamois, Gouverneur du Fort François, qui l'engage à aller ravager l'Isle de Prince. Détail de cette expedition. Descentes de Beauchène sur les Côtes de Bresil. Enlevement d'un Capitaine Garde-Côtes. La tête du Chevalier est mise à prix par le Gouverneur du Rio-Janciro. Vengeance de Beauchène. Il fait une prise considerable. Valeur des Portugais. Il se joint avec d'autres Flibustiers aux troupes que Monsieur Cassare commandoit.

Ils vont ravager Mont-Sarra.
Détail de cette expedition.

TOUS mes Flibustiers furent si charmés de l'histoire de Monneville, qu'ils l'assurerent qu'ils consentoient volontiers que nous retournassions sur le champ au Senegal & même aux Canaries, d'où il lui feroit facile de se rendre en France par l'Espagne. Néanmoins après ce premier mouvement de bonne volonté, on tint Conseil à ce sujet, & l'on jugea qu'il étoit plus à propos de continuer à croiser sur les Côtes d'Afrique encore quelque temps, afin de faire quelque autre prise & d'aller vendre le tout à S. Domingue, où l'on ne manque jamais d'occasion pour la France, ou bien à Cadis, supposé que nous fissions quelque capture considerable.

Nous fûmes près d'un mois sans rien rencontrer, après quoi

vers la hauteur de Boufaut nous découvrîmes deux Navires Anglois. Je les pris d'abord pour des Vaisseaux Marchands, & ne les reconnus pour Vaisseaux de guerre Garde-côtes que quand je les vis venir sur nous. Je virai de bord aussi-tôt pour les éviter, mais un des deux, belle & legere Fregate de 40. pieces de canon & de 300. hommes d'équipage nous joignit après douze heures de chasse. Nous nous défendîmes depuis minuit qu'on nous attaqua jusqu'à dix heures du matin, toujours en retraite. Il me fallut alors amener malgré moi, parce que notre Vaisseau étant razé comme un ponton, ne pouvoit plus manœuvrer. Le second Vaisseau Anglois nommé l'Escarboucle de 50. pieces, nous joignit après le combat & nous fumes transferez sur son bord.

Il y avoit déja bonne compagnie à son fond de cale, & entre

autres près de trois cens François qui venoient d'être pris sur le César Corsaire de Nantes, commandé par le vaillant Capitaine Cazali, Creole de saint Christophe. Je l'avois vû dans l'Amerique, & quand il sçut que c'étoit à moi qu'on mettoit les fers au pied, il vint me faire un compliment de condoleance. Pour lui il étoit libre sur le Vaisseau des Anglois. Il mangeoit & se divertissoit avec les Officiers.

De peur de maladie & pour nos besoins, on nous permettoit de monter sur le tillac deux à deux & d'y prendre l'air quelque temps. Je m'y trouvois toujours avec Monneville, & comme nous ne nous étions pas rendus aux Anglois ni nous ni Monsieur Cazali sans leur avoir tué beaucoup de monde, nous remarquâmes qu'il restoit sur l'Escarboucle moins d'hommes que nous n'étions de prisonniers. Nous fîmes part de cette observation au peu de Flibustiers qui restoient & nous commençâmes avec eux à exciter les François à la revolte. Je leur representai que rien n'étoit plus facile que de nous rendre maîtres du vaisseau, si nous en attaquions l'équipage la nuit & à propos : qu'après cela nous reprendrions aisément nos propres Vaisseaux, & peut-être même la fregate Angloise.

L'amour de la liberté les animoit tous autant que moi; mais ils trouvoient la difficulté de la recouvrer plus grande que je ne disois. A force de courir des périls un Flibustier s'accoutume à les voir moindres qu'ils ne sont & à les méprifer. Il n'en est pas de même des autres guerriers. Notre plus grand embarras étoit que nous n'avions point d'armes. Je leur dis à ce sujet que si Monsieur

Cazali ne nous aidoit pas à en avoir par surprise, je me chargeois de leur en fournir, me faisant fort de brizer le coffre d'armes dès que nous serions sur le pont.

Quand ils m'eurent tous donné leur parole d'honneur, je communiquai notre dessein à Monsieur de Cazali, qui l'aprouva; mais quand je lui dis que le succès dépendoit plus de lui que de nous & que nous ne pouvions rien faire qu'il ne nous livrât les clefs du coffre d'armes qu'il lui étoit aisé d'avoir la nuit en égorgeant celui qui les gardoit; mon cher Chevalier, me dit-il, en me serrant la main, je vous garderai le secret, parce que je ne crois pas être obligé de le reveler, mais je ne sçaurois être des vôtres. Ce qui est adresse & courage en vous seroit en moi perfidie & lâcheté. Comme François, je souhaite que vous réussissiez, & comme honnête homme je ne puis trahir un ennemi qui épargne ma vie & me confie la sienne.

Je ne puis vous blâmer, répondis-je à Monsieur Cazali, quelque préjudiciable que nous soit votre delicatesse. Gardez-nous donc le secret. Je n'abandonne pas mon entreprise, quoique l'évenement que vous pouviez rendre infaillible devienne douteux sans votre secours.

Tout le monde sçait que pendant la nuit il n'y a que la moitié de l'équipage d'un Vaisseau qui veille, & qu'on se releve de quatre heures en quatre heures. On appelle cela faire le quart. Nous choisîmes le milieu d'un de ces quarts pour faire notre coup. Il y avoit une demie douzaine de Flibustiers qui étoient venus about comme moi de défaire leurs fers. J'avois plus de confiance en eux qu'en tout le reste. Quand l'heure marquée fut venuë, j'en pris un des plus forts avec qui montant sur le tillac à deux heures après minuit comme pour prendre l'air, nous renversâmes du haut de l'écoutille à fond de cale les deux sentinelles qui nous gardoient. Ils furent d'abord étouffés. Je me saisis après cela d'une grosse pince de fer avec laquelle j'enfonçai le coffre d'armes dès le second coup.

Le grand bruit que je fis par là nous perdit. L'allarme subite que cela mit dans le Vaisseau fit deux mauvais effets pour nous. Elle reveilla les Anglois qui se mirent en défense & glaça d'effroi les François qui restoient à fond de cale & qui n'osant en sortir nous laisserent accabler 40 ou 50 qui étions montez les premiers. Ce qui acheva notre défaite, c'est qu'après qu'il y eut une vingtaine d'Anglois de tués & entre autres leur second Capinaine, je reçus sur la tête plusieurs coups qui m'étourdirent & me renverserent dans la foule. Tous mes Flibustiers furent traitez de la même façon, si bien que personne ne commandant ni ne conduisant ce qui restoit de François de bonne volonté, nous cedâmes la victoire aux Anglois. Ainsi quand Monneville remonta du fond de cale où je l'avois envoyé conjurer les François de ne nous pas abandonner, il n'en trouva plus qu'une poignée qui se défendoit. Il leur conseilla lui même de se retirer avec les autres plutôt que de se faire tuer sans fruit.

D'abord qu'il fut jour les Officiers des deux Vaisseaux s'assemblerent sur l'Escarboucle, & le resultat du Conseil de guerre qu'ils tinrent à notre sujet, fut que tous les prisonniers seroient séparez sur les quatre Vaisseaux & mis aux fers, & que les auteurs de la revolte seroient pendus aux vergues. On les découvrit bientôt & l'on me nomma pour faire ce sot personnage avec Monneville & trois Flibustiers.

Certainement nous aurions éprouvé cet infame supplice sans Monsieur Cazali, qui representa fortement à nos Juges les consequences de cet Arrest, qui dans le fond étoit contraire aux droits des gens & aux loix de la bonne guerre. Comme il le leur fit voir dans leurs propres Reglemens, puisqu'il a été toujours permis à des Prisonniers de s'échaper s'ils le peuvent, comme il l'est à un oiseau de s'envoler de sa cage si elle n'est pas bien fermée. Enfin il harangua si pathetiquement qu'il nous sauva de la corde par la force de son éloquence.

Mais les Anglois qui ne vouloient

loient pas que nous y perdiſſions, ſe promirent bien de nous dédommager amplement. Ils s'y préparerent à loiſir & s'en tinrent enfin à un moyen auſſi ſeur, mais plus honnête de ſe défaire de nous. Ils nous mirent à terre quelque temps après dans les deſerts de Guinée au pied d'un rocher eſcarpé le ſoir du Mardy gras de l'année 1711. * où ils nous laiſſerent ſans vivre, ſans armes, & couverts chacun d'une vieille chemiſe de toile bleüe. Je me ſouviens que lorſqu'il fut queſtion de deſcendre dans la chaloupe où trente Soldats bien armés nous attendoient pour nous eſcorter, Monſieur Cazali me dit en me tendant la main : adieu, mon pauvre Chevalier, c'eſt fait de toy, ſi tu échappe aux griffes des lions, ce ſera pour mourir de faim, ou pour apaiſer celle des

* 1711.

Negres; recommande ton ame à Dieu, mon ami.

Ne vous inquietez pas, Monsieur, lui répondis-je, si ces Negres sont farouches & roturiers, nous allons les apprivoiser & les annoblir. Je veux en particulier peupler de Chevaliers cette terre sauvage. C'étoit pure rodomontade de ma part. Je faisois comme ces enfans fiers & mutins qui quand on les prive de quelque bijoux qu'ils aiment, disent qu'ils en étoient las & qu'ils sont ravis d'en être debarassez. Je sentois bien qu'étant fort éloignés du Cap-Corse & encore plus de Juda, nous ne pouvions pas y arriver au travers de tant de dangers & que nous serions infailliblement devorés par les Negres ou par les bêtes feroces.

Dans le temps qu'on nous fit le compliment peu gracieux que nous étions cinq condamnés à être pendus, j'avois adroitement attrapé un escarpel du Chirurgien qui nous pensoit & je l'avois caché dans la manche de ma chemise, dans le dessein de m'en servir pour expedier d'abord l'Anglois qui me mettroit la corde au cou, & me procurer aussi-tôt moi-même l'honneur coupable de périr par le fer en dépit de mes ennemis. Voilà les damnables maximes que j'avois aprises des Sauvages, des Flibustiers & des Anglois eux-mêmes. Ce ferrement nous restoit quand nous fumes à terre ; ainsi je portois dans ma manche tout notre arsenal.

Ce ne fut pas une petite affaire pour nous que de gagner le haut du rocher avant la nuit. Quand nous y fumes, nous regardâmes du côté de la terre & cherchâmes des yeux quelques arbres où nous pussions prendre dequoi nous faire des bâtons pour nous défendre du moins quelque tems contre les bêtes ; mais nous ne vîmes pas le moindre arbrisseau. Nous resolumes neanmoins de ne nous pas avancer davantage & de passer là toute la nuit en veillant chacun à son tour pour éviter la surprise.

Mes camarades considerant notre déplorable situation, fondoient en larmes & se desoloient comme à l'envi : si nous ne sommes pas devorés cette nuit, disoient-ils, demain nous périrons dans les sables de soif & de chaud, ou bien nous servirons de pâture aux Negres par les cantons desquels nous serons obligez de passer pour gagner Juda, & qui tous mangent les blancs qui tombent entre leurs mains. Comment échaper à tant de périls ? La mort n'étoit pas le plus grand mal que nous pouvoient faire les Anglois. Nous en serions quittes à present sans les soins indiscrets de Monsieur Cazali.

Pour moi, disoit Monneville, en recouvrant la liberté j'ai tout perdu. Je suis dans un état à desirer d'être encore aux fers. C'en est fait, mon cher ami, me disoit-il, nous ne reverrons jamais ni le Canada ni la France. Que le sort de ma femme est triste, ajoutoit-il ! Elle va comme ma mere passer sa vie à pleurer & à attendre un époux qu'elle ne reverra jamais.

Quoique je visse aussi bien qu'eux que notre perte étoit inévitable, je voulois pourtant faire l'esprit fort & les consoler. Ne perdons point courage, leur disois-je, l'abattement & le désespoir sont les plus grands maux, quand on se trouve dans des extremitez pareilles à celle où nous sommes. De la patience & de la résolution, mes amis ! Il n'y a rien dont on ne vienne about avec cela. Nous n'avons à craindre les monstres que cette nuit. Demain nous ferons des massues qui nous suffiront pour nous en défendre. Quant aux Negres, nous devons plutôt les chercher que les fuir, ils nous recevront & nous donneront à manger, ou plus cruels que leurs Tigres, ils nous attaqueront. Trouvez-vous que nous soyons fort à plaindre dans ces deux cas? Dans le premier, nous voilà sauvés; dans le second, nous leur vendrons cher notre vie & nous la perdrons en braves gens. N'est-ce pas notre destinée? Croyez-moi, la flèche d'un Sauvage ne fait pas plus de mal que la bale du mousquet d'un Milord ou d'un Seigneur Portugais.

Je les priai après cela de se reposer sans crainte, tandis que je veillerois le premier, ce qu'ils refuserent de faire. Je me couchai donc pour leur donner l'exemple, & je leur dis de m'éveiller lorsqu'ils voudroient dormir à leur tour. Je ne me sentois pas plus disposé qu'eux à prendre du repos ; mais je ne voulois pas qu'ils s'aperçussent qu'en tâchant de les rassurer, je n'étois pas moins effrayé qu'eux. Leurs plaintes m'attendrissoient & j'avois le visage couvert de larmes que je cachois en croisant mes mains sur mon front. C'étoit pour la seconde fois de ma vie qu'il m'arrivoit de pleurer.

Neanmoins comme la crainte nous faisoit garder à tous un profond silence, je crois que je me serois endormi, si mes camarades ne m'eussent averti qu'ils voyoient venir vers nous un gros animal. C'étoit un Lion dont nous pouvions distinguer facilement la grandeur énorme. Il n'étoit pas à plus de 50. pas de nous & il nous regardoit avec des yeux étincelans. Je me mis à la tête de la troupe, en l'exhortant sur tout à ne se point écarter. Vous ne courez aucun risque pour le présent, leur disois-je, cet animal ne sçauroit aller à vous qu'après m'avoir ôté la vie, & il ne peut m'expedier assez vîte pour que je n'aye pas le temps de le percer de plusieurs coups de mon ferrement.

Le Lion ne nous voyant point remuer, s'avança fort doucement jusqu'à la portée du pistolet; aussi curieux de nous voir de près que nous étions peu contens de sa curiosité. Je crois qu'il l'auroit poussée jusqu'à venir fondre sur nous, si deux ou trois de nos camarades n'eussent fait un grand cri à la vûë d'un Tigre qui passoit d'un autre côté. Ces deux animaux épouvantés d'un bruit si nouveau pour eux, prirent la

fuite & nous laisserent nous remettre un peu de la frayeur qu'ils nous avoient causée.

Nous ne vîmes rien du reste de la nuit & dès qu'il fut jour nous nous mîmes en chemin au travers des terres. Après quatre heures de marche nous trouvâmes quelques arbres sous lesquels nous jugeâmes à propos de nous arrêter pour en dépoüiller deux de leurs écorces, dont nous fimes chacun une espece de chapeau en forme de gondole, sans quoi il ne nous eût pas été possible de supporter l'ardeur du soleil qui commençoit à s'élever sur l'horizon. Nous nous remîmes ensuite en marche; mais par malheur nous trouvions de temps en temps du sable dans lequel nous enfoncions jusqu'aux genoux, & qui étoit si brûlant que nous étions obligés de courir en le traversant.

Nous fimes beaucoup de chemin le premier jour, parce que nous avions toute notre force & que nous ne commençâmes que le soir à sentir la faim, qui nous accompagnoit. Nous couchâmes dans des joncs au bord d'une riviere gayable, où nous eûmes une nuit aussi fraîche que le jour avoit été chaud. La rosée étoit si abondante, que le matin nos chemises étoient toutes mouillées. L'experience que j'avois faite en Irlande de cet aphorisme, qu'il faut toujours donner quelque chose à l'estomac, fit que je goûtai de plusieurs sortes de feüilles d'arbres & de joncs dont je fis provision avant que de partir, de peur de tomber dans quelque desert où nous n'aurions pas même cette ressource. Nous ne fimes que les sucer ce jour là, mais nous en mangeâmes le lendemain, parce qu'aucun de nous n'avoit pû dormir la nuit.

Ayant pris un peu sur la droite pour nous raprocher de la mer, nous aperçûmes assez loin une coline toute couverte d'arbres. Nous y adressâmes aussi-tôt nos pas, dans le dessein d'y passer la nuit, & quand nous y arrivâmes après deux ou trois heures de chemin, nous entendîmes devant nous un bruit comme de coups de Bucheron. Nous allâmes tout doucement vers le lieu d'où il partoit & nous vîmes que c'étoit un Negre qui frapoit des palmiers & leur faisoit des saignées, comme j'en avois vû faire aux érables en Canada.

Ces incisions se font aux érables dans la force de la séve ; on la laisse couler depuis dix heures du matin jusqu'à quatre heures après midi, & il y a tel arbre qui pendant ce temps-là rend plusieurs pots d'eau dont on tire un sucre que l'on prétend être beaucoup meilleur pour l'eſtomac que celui des Iſles.

Nous découvrîmes au milieu d'un beau valon un gros village de Negres, compoſé de plus de trois cens caſes; & entre le village & nous ſix à ſept cens hommes qui venoient à notre rencontre armés d'arcs & de fléches. Le gros de la troupe marchoit gravement comme à une affaire bien ſerieuſe, & une centaine de jeunes gens grands & bienfaits courant devant les autres comme les enfans perdus d'une armée, s'aprochoient de nous en ſautant & en caracolant, puis ſe retiroient au corps de l'armée, diſparoiſſant comme des ombres au moindre mouvement que nous faiſions, ou plutôt ainſi qu'une bande d'étourneaux qui voyent venir à eux des Chaſſeurs. Enfin ces Negres s'enhardiſſant peu à peu, venoient de plus près en plus près, mais toujours sur le qui vive ; ils tenoient leurs arcs bandez, nous examinoient un moment & s'enfuyoient aussi-tôt.

Je dis à mes Camarades qu'il falloit nous jetter au milieu d'eux, s'ils nous attaquoient, en tuer le plus que nous pourrions & mourir en gens de cœur. En un mot, leur dis-je, mes amis, imitez-moi & ne faites que ce que vous me verrez faire. Nous avancions cependant au petit pas d'un air humble & craintif, à demi courbez & nous appuyant sur nos massuës comme si nous avions été sans force. Je dis nos massuës, car nous nous en étions fait chacune une des arbres dont les écorces nous servoient de chapeaux. Notre contenance marquoit tant de foiblesse & de timidité, qu'il falloit que ces gens-là fussent plus poltrons qu'on ne le peut exprimer pour avoir peur de nous.

Quand ils furent à quelques douze pas de notre petite troupe, un des plus apparens fit un certain cri, qui obligea tout son monde à faire alte & silence en même temps. Alors par un effort généreux, il sortit des rangs & s'avança jusqu'à nous. Je ne laissai pas de remarquer que nature patissoit en lui ; car ce Heros trembloit, quoique plus de deux cens Negres tinssent leurs arcs bandez & fussent prêts à tirer sur nous au premier signal. Il me tendit la main & je lui presentai la mienne. Il me pressa le bout du doigt en faisant claquer les siens, & en me disant *Kio kio paw*. Je repetai les mêmes mots à tout hazard, & portant la main à ma bouche, pour lui faire entendre que nous avions besoin de manger, je m'apperçûs qu'il comprenoit ce que je voulois dire. Il se tourna vers les siens, & leur ayant dit apparemment que nous étions des malheureux dont ils n'avoient rien à redouter, ceux d'entre-eux qui avoient le plus de courage, eurent l'assurance de nous venir à leur tour presser le bout des doigts & nous saluer de leur *Kio kio paw*. Enfin la multitude s'enhardit : Il nous fallut recevoir & rendre pendant plus d'un quart-d'heure le compliment que ces paroles composoient.

Pour nous faire voir qu'ils concevoient bien que nous mourrions de faim, quelques-uns d'entre-eux se détacherent des autres & coururent au Village nous préparer à manger. Pour y arriver après eux, il nous fallut percer une nouvelle foule d'hommes & de femmes qui s'empressoient à nous considerer. Nous aurions volontiers soutenu leurs regards, si nous eussions eû le ventre plein ; mais leur curiosité nous paroissoit importune dans l'état où nous étions. Nous parvînmes pourtant jufqu'à une belle Cafe, devant laquelle il y avoit une quantité prodigieufe de poiffon cuit, qui fembloit être deftiné pour nous.

Nous nous affîmes tous au pied du mur de la Cafe, où redoublant nos geftes les plus expreffifs pour demander à manger, nous eûmes la confolation de nous voir enfin fervir de ces petits poiffons, auxquels cependant nous ne pûmes toucher encore qu'après avoir fait la cérémonie du Calumet. Ce qu'il y eut d'heureux pour nous, c'eft que nous nous raffafiâmes fans nous incommoder; premierement, parce que les arrêtes que nous n'aurions affurement pas eû la patience d'éplucher fe trouverent petites & mangeables; fecondement, comme nos poiffons étoient cuits dans de l'huile de palmier, & que nous buvions en même temps du vin fait du suc du même arbre, ce mêt nous dégoûta tous & nous empêcha d'en prendre trop.

Pendant notre repas, outre la presse qui étoit autour de nous, les arbres voisins étoient tout noirs aussi-bien que le dessus des Cases, tant il y avoit des Negres perchez de toutes parts pour nous examiner attentivement. On peut juger par un petit incident que je vais rapporter, combien ces peuples sont peu aguerris. Ma massuë me glissa des mains par hazard; je me baissai avec vivacité pour la ramasser; & ce mouvement que je fis leur causa tant d'épouvante, qu'ils s'enfuirent presque tous. Vous eussiez vû ceux qui étoient sur les arbres se jetter promptement en bas pour se sauver, de même que si une armée d'Ennemis fût venu fondre sur eux. Ils se rassurerent néanmoins peu à peu & se rapprocherent de nous.

Quand je vis que bien loin d'avoir envie de nous faire du mal, ils nous regardoient comme des gens qu'ils craignoient, je laissai là ma massuë, & me mêlant parmi eux, je commençai à lier conversation par signes avec les plus intelligens. Je leur fis comprendre que nous avions été volez sur Mer, dépoüillez & exposez sur leurs Côtes. Pour nous marquer qu'ils m'avoient entendu, ils nous donnerent aussi-tôt des aumônes abondantes, chacun selon son pouvoir, en plumes, en yvoire, en coquillages & autres choses pareilles. Comme je leur nommai plusieurs fois le Cap-Corse & Juda pour leur en demander le chemin & la distance, ils me répondirent par leurs gestes que la route de Juda n'étoit pas praticable par terre, & qu'il nous falloit seulement cinq tours de soleil pour nous rendre au Cap-Corse ; mais qu'à la fin du premier jour nous trouverions un Village de Negres avec lesquels ils étoient en guerre, qui étoient les plus méchans du Pays, & qui nous mangeroient infailliblement.

Ils nous offrirent de leurs flèches & des arcs pour nous défendre contre leurs redoutables voisins ; mais je leur fis signe que mes Camarades ne pouvoient pas se servir de ces armes. Pour moi, je pris celui de leurs arcs qui me parut le plus fort, & les faisant tous écarter un peu, je tirai en l'air une flèche qui les étonna beaucoup, en s'élevant bien plus haut que les leurs, & en retombant à pic à mes pieds. Ils m'en firent tirer aussi plusieurs contre une figure d'homme faite d'écorce d'arbre & couverte de peaux, sur laquelle apparemment s'exerçoit leur jeunesse ; & voyant que de trente pas plus loin qu'eux, je ne la manquois point, ils se mirent tous à me caresser en me frottant les bras & les épaules, & faisant devant moi mille gestes d'admiration & de respect.

Ils me prenoient sans doute pour un homme extraordinaire. Il nous firent après cela, non des charitez, mais des presens. Et s'appercevant que rien ne nous plaisoit tant que la poudre d'or, ils nous en donnèrent en petite quantité, veritablement, aucun d'eux n'en ayant une grosse provision. Ils n'en ramassoient que pour leurs besoins journaliers, & que pour avoir en échange tout ce qui leur étoit necessaire. Le tout rassemblé, faisoit près d'une livre qu'on nous avoit donnée pincée à pincée, & que nous emportâmes bien liée dans les coins de nos chemises.

Nous passâmes la nuit dans ce Village. Ils nous firent coucher seuls dans un Case séparée sur des nattes de joncs, & nous presenterent obligemment à chacun une femme pour remplir parfaitement les devoirs de l'hospitalité; nous les refusâmes le plus honnêtement qu'il nous fût possible, ne pouvant pas en conscience faire honneur à leur present. Nous nous disposions à partir dès le lendemain matin, mais nous fumes obligez de differer notre départ, attendu que deux des nôtres se trouverent incommodés la nuit pour avoir bû du vin de palmier, quoiqu'ils n'en eussent pas fait débauche eux plus que nous. Epuisez que nous étions par le jeûne, une liqueur encore moins forte nous auroit monté à la tête.

Nos deux malades nous proposerent de rester parmi les Negres,

& je ne sçai si l'envie d'amasser de la poudre d'or ne nous auroit point fait prendre ce parti, si Monneville, qui ne se soucioit de la vie que pour l'aller passer en France, ne nous eut représenté que nous trouverions une mort certaine dans les villages voisins que nous comptions déja de piller à la tête de nos Negres, puisque n'ayant ni sabres ni armes à feu notre fermeté ne serviroit qu'à nous faire percer de coups, dès que nos Negres lâcheroient le pied. Ce qui ne manqueroit pas d'arriver à la premiere occasion. Il avoit raison. Outre cela, la poudre d'or ne nous auroit pas aidé à gagner Juda, sans quoi elle nous eût été tout à fait inutile. Nous passâmes donc le jour suivant entier à nous reposer, & nous ne partîmes que le lendemain.

Nous aurions bien voulu que

quelques Negres nous eussent escortez seulement une demi-journée ; mais au diable s'il y en eut un seulement qui osât s'avancer avec nous vers le premier village par où nous devions passer, parce que c'étoit-là que demeuroient leurs plus terribles ennemis. Nos bons Negres nous presserent de nous charger chacun d'un arc & d'un trousseau de fléches, ce que nous refusâmes d'accepter. En quoi ce me semble nous marquions quelque prudence. Comme il s'agissoit de nous attirer la compassion des Negres par les villages desquels nous avions à passer, nous aurions fort mal fait d'y paroître avec des armes.

On nous fit connoître par le soleil qu'avant qu'il fût couché nous arriverions au village terrible & que nous trouverions frequemment de l'eau en chemin. Nous n'emportâmes donc que de petits poiſſons cuits, que nous mangeâmes ſur les deux heures après midi ſous des palmiers que nous découvrîmes de bien loin & que nos deux malades ne gagnerent pas ſans peine. L'un d'eux ſurtout étoit ſi mal, qu'il nous fallut le ſoutenir pour l'aider à marcher le reſte du jour, ce qui rallentit notre marche & nous empêcha d'arriver au village avant la nuit.

Nous traînames aſſez bien ce malade juſques vers les dix heures. Alors la fraîcheur de la nuit le ſaiſit & lui cauſa une groſſe fiévre qui l'arrêta de façon que nous fumes contraints de le porter ſur nos maſſuës le reſte de la nuit en nous repoſant à chaque moment. Tant que ce garçon eut de la connoiſſance, il ne ceſſa de nous prier de ne le point abandonner. Lorſqu'il fut jour, nous nous aperçûmes que nous étions
malheureuſement

malheureusement dans un lieu tout découvert. Cette observation fut cause que nous redoublâmes nos efforts pour porter promptement ce misérable encore un grand quart de lieuë, afin de gagner un petit fond où nous jugions que nous ferions du moins à couvert de la vûë de ces formidables Negres, fur le terrain desquels nous nous imaginions être encore.

Nous y demeurâmes jufques fur les neuf heures du matin, que l'ardeur du foleil nous en chaffa. Nous ne fçavions de quel côté tourner pour trouver de l'ombre. Outre nos deux malades, Monneville qui n'avoit jamais marché nuds-pieds les avoit tout déchirez, & ne pouvant prefque plus fe foutenir, il nous dit avec une fauffe tranquillité qui tenoit du defefpoir : Adieu, Meffieurs, je vous fouhaite un bon voyage, pour moi, je vais rester ici. Je veux mourir au soleil ; je languirai moins long-temps qu'à l'ombre. Il y avoit parmi nous un Parisien vigoureux nommé Roland. Je lui proposai de me suivre pour secourir nos malades malgré eux. Il y consentit. Nous laissâmes là les autres pendant deux heures, au bout desquelles nous revînmes à eux avec chacun un paquet de joncs & d'herbes que nous avions été prendre au bord d'une Riviere qui étoit à quelques milles delà sur la droite.

Notre dessein étoit d'en faire une espece de parasol pour couvrir nos Camarades, & les préserver des rayons du soleil, & particulierement celui que nous avions porté si long-temps. Notre bonne volonté lui fut inutile. Nous le trouvâmes qui expiroit, & ses deux autres Compagnons qui pleuroient à genoux &

prioient Dieu pour lui auſſi bien que pour eux-mêmes, tant ils étoient perſuadez que nous ne reviendrions point & qu'ils alloient le ſuivre.

Notre retour ne parut pas leur faire beaucoup de plaiſir. Leur réſolution étoit priſe. Ils étoient las de lutter contre un ſort, à la rigueur duquel, ils ne voyoient aucune apparence de pouvoir échapper. Celui de l'agoniſant leur ſembloit ſeul digne d'envie. Qu'il eſt heureux, s'écria Monneville en nous le montrant! Il défie maintenant les monſtres, les Negres & la faim, & nous ſommes encore expoſez à tous ces maux. En ceſſant de vivre, ajouta-t-il, il a ſenti tout ſon bonheur. Il a repris connoiſſance un inſtant & il a employé ce moment à remercier le Ciel & à nous plaindre. Il a vû que nous n'étions plus robuſtes que lui que pour être plus long-temps miſerables.

Sçavez-vous, continua-t-il, ce que le malheureux vient d'exiger de nous en mourant ? je n'ai plus d'inquietude que pour vous, nous a-t-il dit. J'espere que pour satisfaction de mes fautes, le Seigneur se contentera des peines que je viens de souffrir, & je vais mourir content si vous me promettez d'executer ce que je vais vous dire. Au nom de Dieu, que ma mort vous devienne utile. Ne périssez pas de faim de propos deliberé dans ces deserts pour deux ou trois jours de chemin qu'il vous reste à faire. N'épargnez point ma chair, vous en pourrez manger dans un moment & emporter le reste.

Vous êtes arrivez, Messieurs, poursuivit Monneville, comme il prononçoit ces dernieres paroles, & vous venez de le voir expirer. Si cette sorte de secours vous convient, nous pouvons vous faire les mêmes offres. Nous ne lui survivrons pas long-temps. Un deſeſpoir ſi marqué me mit veritablement en colere contre Monneville. Je lui fis des reproches ſur ſon peu de courage, & lui dis que je le forcerois bien à nous ſuivre.

Nous fîmes une foſſe peu profonde, parce que nous n'avions pour la faire que nos maſſuës & nos ongles. Elle ſuffit cependant pour le mort. Nous mîmes ſur lui une croix que je fis de ſon bâton que nous avions aporté juſques là. Voilà ſon mauſolée. L'écorce d'arbre qui lui avoit ſervi de chapeau & les manches de ſa chemiſe furent employés à faire une chauſſure pour Monneville, qui nous ſuivit volontiers après cela & même plus facilement que l'autre malade. Nous regagnâmes la riviere que j'avois découverte avec Roland.

Nous reſolumes de ſuivre ſon

son cours, afin de ne nous pas trop écarter de la mer, & dans l'esperance d'y trouver plutôt que dans les terres quelque village de Negres ; comme en effet deux heures après nous en vimes un sur notre gauche. Nous en primes la route, persuadez que nous exciterions plutôt leur compassion que leur appetit dans l'état où nous étions réduits. Mais huit ou dix Negres que nous rencontrâmes nous épargnerent la peine d'aller jusques-là. Ces incivils au lieu de nous recevoir gracieusement, se mirent à faire des cris affreux & nous poursuivrent à coups de fléches pendant une heure entiere.

Leur acharnement à nous décocher de loin des traits qui pouvoient nous atteindre m'impatienta, je voulus joindre ces lâches ennemis ; mais ils furent plus alertes que moi. Ils nous firent toutefois plus de peur que de mal.

Après cette desagréable rencontre, nous regagnâmes notre riviere sans obstacle, & nous étant éloignez de ce canton de deux ou trois lieuës, nous passâmes la nuit au bord de l'eau sur le sable où nous fimes notre souper d'une pinte d'eau tout au moins chacun. Quelque peu solide que fut cet aliment, nous éprouvâmes que l'eau a la vertu de calmer un peu la fureur de la faim.

On n'a pas à la verité après cela le sommeil aisé. Ne pouvant dormir, je quittai mes trois camarades, & passai une partie de la nuit à chercher des arbres pour en manger quelques feüilles. Pour mes péchez je n'en trouvai point & j'étois prêt à perdre toute esperance à mon tour, quand je fis reflexion que nous ne devions pas être bien éloignés du Cap-Corse, où du moins nous serions entre les mains d'ennemis qui nous traiteroient selon les loix de la bonne guerre & nous échangeroient à la premiere occasion.

Roland aussi courageux que moi, au lieu de succomber à sa tristesse, songeoit à la conservation de sa vie. Il lui vint aussi dans l'esprit que nous étions près du Cap-Corse. Il me communiqua sa pensée & me dit que nous y arriverions ce jour-là même, si nous partions au clair de la lune sans attendre l'aurore. J'étois fort de son avis, mais nous n'osions réveiller celui de nos camarades que nous avions eu tant de peine la veille à traîner jusques-là. Il étoit vieux & par conséquent il avoit plus besoin de repos que nous. Ce n'étoit pas la peine de le tant ménager, puisqu'il étoit mort & non pas endormi. Nous ne nous en aperçumes qu'à la pointe du jour.

Il étoit fils d'un riche Negociant de Roüen. Il s'étoit mis d'abord sur mer en qualité de Chirurgien de Vaisseau ; puis il avoit quitté la lancette pour se faire Flibustier & porter ainsi ses os en Guinée. Pour lui, plus patient que nous, il ne craignoit la mort que parce qu'elle abregeroit ses peines, qu'il croyoit ne pouvoir être trop longues ni trop cruelles : C'est moi sans doute qui vous attire tant de maux, me disoit-il en particulier dès le premier jour de notre misere, quand il nous vit menacés de périr dans les sables. C'est le malheur qui vous a d'abord associés à moi, qui vous enveloppe aujourd'hui dans la punition de mes crimes.

Je voulus le consoler en lui disant que peu d'entre nous avoient tenu dans leur jeunesse une conduite bien reglée, & que le plus souvent on n'embrassoit notre profession, que parce qu'on étoit incapable d'en exercer aucune autre. Non, non, reprit-il, je suis le seul criminel, le seul que la Justice divine devroit punir. Jugés-en vous-même, mon cher Chevalier, voici une partie de mes forfaits.

Je commençai dès l'âge de seize ans à meriter ce que je souffre aujourd'hui. Je faisois la cour à une jeune heritiere que je recherchois moins par inclination pour sa personne, que pour le bien qu'elle devoit posseder un jour. J'avois un rival qui me fut preferé. Je voulus m'en venger, & j'en trouvai si facilement le moyen, que je n'eus pas le tems de réfléchir sur les suites de l'action que je méditois. Mon rival n'étoit point en garde contre mon ressentiment. Il crut que j'avois pris mon parti de bonne grace, parce que j'avois cessé d'abord de voir mon ingrate sans chercher à lui faire des reproches. Ainsi, lorsque je leur fis ma visite huit jours après leur mariage, ils me reçurent avec politesse & même avec amitié. Bien loin de soupçonner mon mauvais dessein, le jeune époux me fit entrer dans son cabinet, où me voyant seul avec lui, je le frappai de plusieurs coups de poignard.

Je sortis aussi-tôt de chez-lui, & m'éloignant promptement de la Ville, je gagnai la Forêt, où je demeurai caché jusqu'à la nuit que j'employai toute entiere à marcher pour tirer Pays ; mais dans le trouble qui m'agitoit, je m'égarai de façon que j'étois encore dans le Bois quand le jour parut. En cherchant des yeux quelque maison où je pusse aller me pourvoir de vivres, je découvris trois Cavaliers qui venoient droit à moi. Pour les éviter, je m'enfonçai dans le plus épais du Bois, mais un d'entre-eux ayant mis pied à terre m'y suivit le pistolet à la main & m'eut bientôt arrêté. Je m'imaginois déja être sur l'échafaut. Néanmoins j'en fus quitte pour la peur, car on me cria : *La bourse ou la vie.*

Ces paroles me rassurerent & je cessai de fuir. Pendant que cet honnête-homme me faisoit vuider mes poches, ses deux Camarades l'appellerent, il me conduisit devant eux; je leur contai mon malheur, & me jettant à leurs genoux, je les priai de me sauver. Ils s'entreregarderent en riant, & l'un d'eux me demanda si j'avois du goût pour leur profession. Je leur protestai que je me regarderois comme le plus fortuné de tous les hommes, s'ils me jugeoient digne de l'exercer avec eux. Ils me dirent qu'ils ne pouvoient m'accorder ma demande qu'au préalable je ne leur eusse donné des preuves de ma vocation & que je ne me misse en état de les suivre en priant quelque passant de me prêter son Cheval.

Je vous entends, Messieurs, leur répondis-je. Donnez-moi dequoi me faire respecter de plus loin que ne le peut faire mon épée, & vous verrez que ce n'est pas par une injuste présomption que j'ose aspirer à l'honneur de vous être associé. Ils me donnerent aussi-tôt le seul fusil qu'ils avoient, & me placerent dans un lieu commode pour faire mon emprunt. Ils m'y laisserent, & se retirerent à cinq ou six cens pas delà, non sans m'avoir averti de ne rien entreprendre, quand il paroîtroit plus de deux hommes à la fois.

Je fus long temps en embuscade sans rien voir que des malheureux, dont la défaite ne m'auroit fait ni honneur ni profit. Ensuite il me passa devant le nez deux Cavaliers bien mis, & dont la monture m'auroit fort accommodé ; malheureusement pour moi, ils avoient l'air d'être gens à se bien défendre, & ils étoient suivis de quatre ou cinq hommes à pied. Ce ne fut que sur le midi qu'il se présenta un Cavalier seul qui venoit du côté de mes nouveaux Camarades. Ils le laisserent passer impunément pour me laisser la gloire de le démonter. C'étoit un Bourgeois d'une petite Ville voisine, qui voulant apparemment gagner Roüen avant le dîner, alloit assez vîte.

Je me préparois à le coucher en joüe, quand je le reconnus pour un de mes meilleurs amis. La liaison que j'avois avec lui étoit telle que si je n'eusse eu rien à risquer en retournant à la Ville, je me serois joint à lui contre les trois voleurs. Mais comme ç'auroit été me perdre fans reſſource, je l'arrêtai d'un ton de voix terrible. Je lui ordonnai de deſcendre & de ſe mettre ventre à terre, puis l'ayant volé, je montai ſur ſon Cheval, & rejoignis comme en triomphe les trois Juges de mon action.

Je me flatois d'avoir mérité leurs applaudiſſemens, & je ne fus pas peu ſurpris de la réception froide qu'ils me firent. Un de ces trois illuſtres Brigands me dit en me regardant de travers; que voulez-vous faire de cet homme-là? L'avez-vous épargné pour mettre la Ville en rumeur par le recit qu'il ne manquera pas de faire de l'accident qui vient de lui arriver? Votre pénétration ſans doute ne va pas juſqu'à prévoir, que dans une demi-heure il n'y aura perſonne dans Roüen qui ne ſçache que nous ſommes ici & ce que nous y faiſons.

Frappé de ces reproches, je retournai au galop vers mon pauvre ami & lui caſſai la tête d'un coup de piſtolet. Pour cette fois là je m'imaginois avoir bien fait mon devoir & je m'attendois à voir mes Juges fort contents de moi. Je me trompois encore : Autre étourderie, me dirent-ils ! aviez-vous quelque choſe à craindre de cet homme à qui vous n'aviez laiſſé aucune arme. Je ne l'ai pas craint non plus, Meſſieurs, leur répondis-je, puiſque je l'ai tué. Il falloit, reprirent-ils, l'entraîner dans le Bois & là l'expedier à coups d'épée. Prēmierement, parce qu'un coup d'arme ſe fait entendre de loin & fait mettre ſur leurs gardes les Voyageurs qui peuvent ſuivre de près celui qu'on vient de tuer. Secondement, c'eſt qu'en ſe défaiſant d'un homme dans une Forêt, on s'épargne la peine de l'y traîner pour le dérober à la vûë des passants.

Je priai ces Messieurs de considerer que je n'étois qu'un novice, & que par consequent ils ne devoient pas s'étonner si je faisois des fautes. Dans ce moment là plusieurs Marchands passerent & virent la belle besogne que je venois de faire. Ils en répandirent le bruit dans la Ville, ce qui joint à l'assassinat que j'y avois commis la veille, fit mettre tant d'Archers à nos trousses, que nous fumes obligez de nous écarter du canton.

Nous nous retirâmes vers Caën dans le Château d'un Gentilhomme, où il me parut que l'on se croyoit en seureté, quoique plusieurs voisins nous y visitassent frequemment. Ils en agissoient tous si cordialement les uns avec les autres que je vis bien qu'ils se connoissoient. Au bout de quelques jours il arriva dix-huit autres

Cavaliers dans le Château, qui s'y assembloient sur un avis reçu de Roüen, qu'un Monsieur nommé la Mothe le Bailly riche commerçant de Caën, devoit partir un tel jour avec beaucoup d'argent qu'il retiroit de toutes parts des mains de ses Correspondans. Un de ses Valets qui avoit quelque liaison avec nous eut la bonté de nous en avertir, ajoutant à ce bon avis, qu'il croyoit que son Patron avoit envie de se refugier en Angleterre pour les affaires de la Religion, & qu'il seroit facile de démeubler sa maison auparavant.

Je m'imaginois qu'on iroit attendre le Marchand sur la route à son retour de Roüen, ce que l'on ne jugea point à propos de faire, notre troupe étant trop forte & par consequent trop fiere pour se contenter d'un vol sans éclat. On prit un autre parti.

Dès que l'on sçut que la famille du Bourgeois l'attendoit à sa campagne, & que son fidele Valet nous eut fait avertir de son arrivée avec celui de ses fils qui l'accompagnoit ordinairement, nous montâmes tous à cheval pour nous rendre chez lui.

Il n'étoit pas encore nuit quand nous entrâmes dans sa cour. On m'avoit mis à la tête pour m'éprouver. Le Maître du logis vint au devant de nous & nous demanda poliment, s'il y avoit quelque chose pour notre service ; je ne lui répondis que d'un coup de pistolet & je le couchai par terre. Sa femme & son fils furent traités de la même maniere. On épargna le Domestique qui nous avoit si bien servi avec quelques autres. Nous les conservames pour nous préparer à souper. On laissa aussi la vie à un des enfans de Monsieur de la Mothe, & cela, parce qu'on nous dit qu'il étoit sourd & muet. Neanmoins cet enfant reconnut dans la suite quelques-uns de la troupe qui lui furent presentez, & contribua fort bien à leur faire éprouver le supplice qu'ils avoient merité.

Je me souviens que les complimens que mes Confreres me faisoient en soupant m'ayant mis de belle humeur, je saisis un perroquet qui se tourmentoit dans une cage & crioit *quel meurtre!* mots qu'il avoit souvent entendu repeter. Je lui coupai la tête & la fourrai dans la bouche du Bourgeois mort, en disant quelques plaisanteries qui m'attirerent de nouveaux applaudissemens. Un jeune Gentilhomme de mon âge que l'on nommoit Gruchi, me dit alors d'un ton ironique, qu'on étoit bienheureux de tenir de la nature d'aussi belles dispositions que les miennes.

Il déplut par ce trait railleur à toute la Compagnie, qui conclut de là que le jeune Gruchi avec ſes ſentimens de compaſſion & d'humanité ne feroit jamais fortune dans le métier & on le condamna tout d'une voix à ne point paſſer outre. Son pere comme ſi ce reproche eut deshonoré ſon fils, demanda grace pour lui ! Il promit de l'aguerir, & pour expiation de ſa foibleſſe, il lui fit boire ſur le champ un grand verre du ſang des mourans.

C'eſt ainſi que ce malheureux compagnon de mes miſeres me fit ſa confeſſion dans l'amertume de ſon cœur. J'avois reſolu de ne rien dire de ſa vie à Monneville & à Roland, de peur qu'ils ne priſſent moins de ſoin de lui ; mais il ſe mit par ſa mort en état de ſe paſſer de nous tous. Monneville nous le voyant couvrir de ſable ſe mit à ſoupirer & nous regardant tristement : ce n'est pas la peine d'en faire à deux fois, nous dit-il, faites-moi une place auprès de ce miserable ; aussi bien c'est à moi de partir le premier. En essayant d'aller plus loin je ne ferai que vous embarasser & vous empêcher peut-être vous-même de gagner le Cap-Corse. Tâchez, Messieurs, d'y arriver seuls & ne vous obstinez point à vous perdre en voulant me sauver.

Ces paroles de Monneville nous attendrirent, & nous lui dîmes que s'il perdoit ainsi tout espoir & ne faisoit pas un dernier effort, nous allions demeurer avec lui & nous laisser mourir lâchement. Je tâchai pourtant de le consoler, en lui protestant que s'il vouloit rappeller tout ce qui lui restoit de forces pour nous suivre, nous allions nous abandonner aux premiers Negres que nous rencontrerions pour périr ensemble par leurs mains, ou pour en obtenir du secours. Monneville se rendit, & nous partîmes aussi-tôt après avoir bû copieusement de l'eau de notre Riviere.

Tout épuisez que nous étions, nous nous mîmes en chemin dans la résolution de ne nous pas arrêter sitôt, & nous marchâmes assez vîte, même jusques vers les huit ou neuf heures du matin, que nous trouvâmes des Negres occupez, à ce qu'il nous sembla, à faire une espece de chaussée dans un gros ruisseau. Quelle que pût être leur cruauté, nous étions dans un état à la désarmer. Et comme si la seule nécessité nous avoit donné des forces, nous cessames d'en avoir dès que nous vîmes d'autres hommes qui pouvoient nous secourir.

Nous n'eûmes pas le choix de la maniere dont nous les salurions. Nous tombâmes de foiblessé à leurs pieds. Ils nous donnerent d'abord à manger un peu de ris. Ce qui sans doute nous sauva la vie. Après nous avoir examinés avec attention pendant un quart-d'heure sans nous parler, ils se remirent tous à l'ouvrage, excepté deux des plus vieux qui resterent auprès de nous comme pour nous garder. Le premier effet que produisit en nous la nourriture que nous venions de prendre, fut de nous ôter un étourdissement que nous sentions tous ; & elle nous causa ensuite un si grand assoupissement, qu'en moins d'une demi-heure nous nous endormîmes tous trois d'un profond sommeil.

Quelques heures après nous nous réveillâmes en sursaut au bruit que fit en arrivant une nouvelle troupe de Negres, à la tête de laquelle étoit le Chef du Canton à qui l'on avoit été donner
avis

avis de notre arrivée. Concevez, s'il est possible, quel fut notre étonnement quand il nous salua, & nous dit en François : *D'où êtes vous.* Nous crûmes entendre la voix d'un Ange. Je lui appris en peu de mots de quelle nation nous étions & les disgraces qui nous étoient arrivées. Sur quoi il nous exhorta à prendre des forces, nous assurant que nous pouvions nous croire autant en seureté avec lui qu'en France.

Pour nous faire revenir de la surprise où il nous voyoit, il nous conta qu'il avoit été élevé à Paris dès l'âge de dix ans, qu'il y avoit été baptisé à Saint Sulpice, & tenu sur les fonts de Baptême par Madame la Duchesse de Berry toute jeune, & qu'ensuite on l'avoit renvoyé à Juda au Comptoir François, dans l'esperance qu'il y seroit d'une grande utilité pour le Commerce ; mais qu'il avoit bientôt tout quitté pour se rejoindre à ses Compatriotes, avec lesquels, quoique fort grossiers, il s'accommodoit encore mieux qu'avec les François, parce que, disoit-il, je trouve qu'il vaut mieux vivre en Maître avec des stupides, qu'en Esclave avec des gens d'esprit.

Il sçavoit son Paris parfaitement, il en nomma tous les Quartiers à Monneville & à Roland, de même que plusieurs familles que ce dernier connoissoit particulierement. Le généreux Negre bien-aise d'avoir occasion de nous marquer qu'il avoit appris à vivre en France, fit tout ce qu'on auroit pû attendre du François le plus poli. Il fit faire des especes de brancars sur lesquels on nous porta par son ordre jusqu'à son Village, qui étoit assez loin de là.

Dès le soir, il nous régala de Cabris, & le lendemain il fit tuer exprès pour nous le meilleur de six ou sept jeunes Porcs qu'il avoit fait acheter pour en peupler son Canton. Il ne tint qu'à nous de demeurer avec lui jusqu'à ce que nous fussions entierement rétablis. C'est ce que nous ne pûmes gagner sur nous. L'impatience de nous revoir en Mer nous prit dès qu'il nous eut dit qu'il n'y avoit plus que deux petites journées de là au Cap-Corse, & que les Negres dont il nous faudroit traverser les Villages n'étoient pas de mauvais hommes.

Après cinq ou six jours de repos & de bonne chere, nous lui demandâmes notre audiance de congé, & ce brave Filleul de Madame la Duchesse de Berry nous voyant déterminés à partir absolument, nous donna un jeune Negre pour nous conduire & porter des vivres pour toute notre route. Ce ne fut pas tout, il nous fit présent d'une demi-livre de poudre d'or, & ce qui me charma le plus en mon particulier, c'est qu'il me prêta un bon sabre qu'il avoit apporté de Juda, me priant de le lui renvoyer par son Negre sitôt que nous serions arrivez. Il nous conseilla de marcher plus de nuit que de jour à cause des chaleurs ; & pour reconnoissance de tant de bons traitemens, il n'exigea de nous que la promesse de faire ses complimens à cinq ou six Valets & Servantes de Paris, avec lesquels il avoit été lié specialement & dont il nous répeta plusieurs fois les noms & les surnoms.

Nous trouvâmes dès le premier jour une des trois grandes Rivieres qu'il nous avoit dit être entre son Village & le Cap-Corse, & comme Monneville ne sçavoit pas nager, il fallut le charger sur mon dos. Nous pensâmes nous noyer tous deux. Ce qui fut cause que pour lui faire passer les deux autres Rivieres, nous attachâmes ensemble quelques pieces de bois, ce qui faisoit une espece de petit radeau que nous poussions Roland & moi en nageant.

Nous passâmes près de plusieurs petits Forts Européens, où il n'y avoit dans chacun qu'une Garnison de quatre ou cinq Soldats ; leur petit nombre les tenant en garde contre la surprise, ils refuserent tous de nous y recevoir, & menacerent même de tirer sur nous, si nous en approchions. Notre guide nous fit aussi voir en passant une mine d'or. * Tous les Negres qui y étoient avoient des anneaux d'or aux doigts des pieds & des mains. On en voyoit jusques dans leurs cheveux. Les petits fourneaux où ils faisoient ces bagues, des cœurs, & autres pareils

* Saint George de la mine à trois lieuës du Cap-Corse.

petits bijoux étoient sous terre & en mauvais ordre. Aussi tous leurs ouvrages paroissoient-ils très-mal faits. A peine ressembloient-ils aux choses dont ils portoient le nom. Ils nous en donnerent pour de la poudre d'or, avec beaucoup d'équité & presque poids pour poids.

Nous arrivâmes enfin au Cap-Corse, où nous avions tant d'envie de nous voir, sans pressentir le nouveau malheur qui nous y attendoit. Nous retombâmes entre les mains du même Capitaine Anglois qui nous avoit fait prisonniers. Quand il nous revit, il crut que c'étoit une vision, ne pouvant s'imaginer que l'on pût échapper aux périls où il nous avoit exposez en nous mettant à terre. Assurément, dit-il, en me montrant du doigt à Monsieur Cazali, si nous ne mettons cet enragé à la bouche du canon, nous ne nous en deferons jamais. Vous ne gagneriez pas à le faire, lui répondis-je en Anglois. Du moins si vous l'aviez fait plûtôt, vous y auriez perdu ma rançon & celle de mes Camarades que nous vous apportons. Alors nous lui présentâmes ce que nous avions de poudre d'or, qu'il prit sans façon, & après que nous lui eûmes raconté toutes les peines & les miseres que nous avions souffertes, durant le penible voyage qu'il nous avoit fait faire à pied si cruellement, il nous envoya dans un souterrain sans s'expliquer sur le traitement qu'il prétendoit nous faire.

Monsieur Cazali sollicita fortement en notre faveur. Il représenta au Capitaine que nos deux Compagnons qui étoient morts si miserablement avoient assez payez pour nous, & qu'il étoit persuadé qu'il auroit la générosité de nous laisser joüir en liberté d'une vie qu'avoient épargnée les Negres & les Monſtres. Notre Avocat ne gagna rien, & nous demeurâmes encore quinze jours dans le ſouterrain. Nous n'en ſortîmes même qu'à l'occaſion d'une ſotiſe, qui ſeule auroit dû m'y faire enfermer, ſi les hommes n'étoient pas auſſi corrompus qu'ils le ſont, & auſſi familiers avec le crime.

D'abord Monſieur Cazali n'avoit ſongé qu'à nous procurer une nourriture capable de nous rétablir, en nous envoyant ſouvent en ſecret d'excellens morceaux dont il ſe privoit lui-même, me vint un jour faire une aſſez longue viſite dans ma priſon ; & s'étant apperçû que je n'avois ſur le corps que les mauvais reſtes de ma chemiſe bleüe qui me couvroient à peine la moitié du corps, il m'envoya dès qu'il fut de retour chez-lui une de ſes chemiſes par une

Negresse qui le servoit. Cette friponne ne s'acquitta qu'à demi de sa Commission. Elle se contenta de me faire des complimens de la part de son Maître, & d'y joindre de la sienne une infinité de choses obligeantes; mais elle garda la chemise.

Lorsqu'elle fut retournée de ma prison chez-elle, Monsieur Cazali lui fit bien des questions sur mon compte, & il jugea par les réponses qu'elle lui fit qu'elle n'avoit pas donné la chemise. Il lui demanda pourquoi elle en avoit usé ainsi. Elle prit le parti de dire effrontement que la chemise lui appartenoit légitimement, & que je lui en avois fait present pour avoir ses bonnes graces. Elle soutint ce mensonge avec tant de fermeté, que Monsieur Cazali la crut pieusement, quoiqu'elle eut tout au moins quatre-vingt bonnes années.

Il trouva ce trait si plaisant, qu'il ne put s'empêcher d'en faire part à quelques Officiers Anglois qui s'en divertirent avec lui. Ils conterent ensuite cette belle histoire au Capitaine qui en rit encore plus qu'eux. Pour se procurer à mes dépens une nouvelle scene Comique, ils m'amenerent tous en cérémonie après souper cette beauté bizayeule. Plusieurs flambeaux la précedoient comme une mariée que l'on auroit conduite au lit nuptial. Je vis bien que tous ces gaillards venoient là pour s'égayer à mes frais, & sans sçavoir encore pourquoi ils prenoient ce divertissement, je me prêtai de bonne grace à leurs plaisanteries. Je badinai avec eux sur les charmes de la belle Brune, & ce que je leur dis là-dessus les mit de si bonne humeur, que Monsieur Cazali nous vint dire le lendemain que nous étions libres, & qu'on nous alloit conduire à Juda, où l'on me permettoit même de mener avec moi ma jeune Maîtresse.

Juda sur les Côtes de Guinée est un Port neutre en temps de guerre. Les gros Vaisseaux n'y sçauroient entrer, & sont obligez de rester à la rade, parce qu'il y a une barre ou une espece de banc de sable qui leur en bouche l'entrée. Cette barre fait faire des lames d'eau qu'il faut prendre bien à propos, même avec des Chaloupes pour n'y pas périr. Le Vaisseau qui nous portoit à Juda y alloit acheter des Negres. Quand nous fûmes dans sa Chaloupe, je m'apperçûs que les Anglois faisoient une mauvaise manœuvre en passant la barre ; je voulus gouverner, on m'en empêcha, & nous fimes capot dans le moment.

Il y a toujours là beaucoup de Negres qui accoutumés à ces sortes d'accidens & seurs d'attraper quelque récompense se jettent à l'eau & vont secourir ceux qui en ont besoin. Deux d'entre eux m'aiderent d'abord à sauver Monneville, puis donnant mon attention à Roland mon autre camarade, je le vis assez loin de moi & il me sembla qu'il se noyoit. Je laissai aussi-tôt Monneville entre les mains de deux Negres & je me rendis promptement auprès du Parisien, que je racrochai par les cheveux. J'eus bien de la peine à le soutenir sur l'eau jusqu'a-ce qu'il me vint du secours, parce qu'il n'avoit plus de connoissance & qu'il ne s'aidoit aucunement. Nous le crûmes mort quand il fut à terre; cependant il reprit insensiblement ses esprits & vingt-quatre heures après il n'y paroissoit plus.

Nous nous aperçumes bien que nous étions enfin avec des compatriotes. Monsieur de Chamois Gouverneur du Fort François de Juda eut pour nous des bontez qui tenoient moins d'un bon François que d'un pere. Il nous fit laver, frotter, raser, fournir du linge, des habits, de l'argent & nous donna sa table tant que nous y restâmes. Que ne fit-il pas pour nous engager à ne le point quitter! avec quelle ardeur nous offrit-il de contribuer à nous faire faire une fortune considerable! il est constant qu'il auroit eu grand besoin de nous dans le pays.

Il se donnoit la peine d'enseigner lui-même l'art militaire à beaucoup de Negres, avec lesquels il auroit bien voulu secourir son allié le Roi de Juda, qu'accabloient ses voisins, mais il lui falloit des Officiers à la tête de ses Negres, sans quoi c'étoient toujours de mauvaises troupes. Il ne fit aucun effort pour retenir Monneville, quand il sçut pour quel sujet & avec quels ordres il avoit quitté la France ; mais pour Roland & moi il nous declara en termes formels qu'il ne nous laisseroit point sitôt échaper.

Il se passa près de trois mois avant qu'il se presentât aucune occasion de nous remettre en mer, & je desesperois presque de quitter ce pays, quand un Flibustier de la Martinique vint moüiller à la rade de Juda. C'étoit le Vaisseau nommé *le Brave*, de six pieces de canon, dont l'Armateur s'appelloit Hervé, & le Capitaine de Gennes. Il y avoit dessus plusieurs Flibustiers de S. Domingue qui me connoissoient. Quand ils aprirent que j'étois là, ils vinrent avec leur Capitaine me prier de me joindre à eux ; ce que je leur promis de faire, même malgré Monsieur Chamois, s'il vouloit s'y opposer.

Je m'attendois effectivement que ce Gouverneur pourroit être tenté d'y mettre obstacle ; neanmoins nous ne lui en eûmes pas plutôt demandé la permission Roland & moi, qu'il nous l'accorda, en nous témoignant avec politesse le regret qu'il avoit de nous perdre. Il exigea pourtant de nous une chose que nous ne pûmes lui refuser ; c'étoit de lui prêter la main pour une expedition qu'il méditoit. Après quoi il consentiroit à notre séparation, pourvû qu'à notre place on lui laisseroit du moins une autre personne de l'équipage.

Roland plus sage que moi s'offrit de lui-même à rester, ce qui fit un extrême plaisir à Monsieur de Chamois, parce que le Parisien étoit un fort brave garçon, bien entendu & qui lui devoit être d'un grand secours. Ce qui engagea Roland à prendre cette resolution, c'est que les périls qu'il avoit courus sur mer & surtout le dernier, dont je venois de le sauver, l'avoient dégouté de cet élement. L'acquisition de la poudre d'or des Negres, quoique plus lente, lui parut preferable à l'attente de ces grands coups de Flibuste que peu de gens ont le bonheur de faire.

Il fit en effet si bien ses affaires à Juda, qu'en 1719. je l'ai vû passer par Nantes riche de quatre-vingt livres de poudre d'or qu'il portoit à Paris, dans le dessein de s'y établir avantageusement. Ma rencontre lui fit plaisir. Il ne se lassoit point de me repeter que je lui avois sauvé la vie; & je ne pus me défendre de recevoir de lui une livre de poudre d'or qui valoit alors environ deux mille cinq cens livres. Je ne sçai ce qu'il est devenu, je n'en ai point entendu parler depuis.

Pour revenir à Monsieur de Chamois, il exigea que nous allassions ravager l'Isle de Prince, je ne sçai pour quelle raison ; car il y avoit très peu de temps que Monsieur Parent l'avoit saccagée avec celle de Saint Thomé. L'isle de Prince est presque sous la ligne, & elle appartient aux Portugais. Nous y arrivâmes en sept jours. Nous prîmes terre à deux lieuës de la Ville, conduits par un Mulâtre fils d'un Blanc & d'une Sauvagesse de cette Isle. Il connoissoit le pays, & Monsieur de Chamois nous l'avoit donné pour nous servir de guide. Il prit si bien sa route & son temps que nous nous avançâmes jusqu'à l'entrée du Fauxbourg sans être découverts.

Nous le fûmes alors par quelques Negres qui donnerent l'allarme dans la place. Nous sentimes bien que sans la surprise nous ne l'aurions jamais emportée, à cause de notre petit nombre, puisque cinquante Bourgeois nous arrêterent pendant une grosse demi-heure sur un pont fort étroit par lequel il nous falloit passer. Ils ne firent cette resistance que pour donner aux autres habitans le loisir de se retirer dans les bois avec ce qu'ils avoient de meilleur, puisque les défenseurs du pont n'eurent pas plutôt lâché pied pour s'enfuir à la débandade, que nous nous rendimes maîtres de la Ville sans opposition. Les habitans qui s'étoient enfermez dans la Citadelle, l'abandonnerent pendant la nuit ; desorte que le jour suivant nous y entrâmes sans coup ferir. Nous y trouvâmes huit pieces de canon que nous enclouâmes & renversâmes dans les fossez.

Monsieur Parent avoit si bien ruiné les Habitans de cette Isle, que nous n'en pûmes rien tirer par les contributions. Ainsi, après avoir occupé quelques jours leurs maisons, tandis qu'ils couchoient dans les Bois, nous y mîmes le feu, afin que Monsieur de Chamois apprît que nous lui avions du moins tenu parole. Nous résolûmes ensuite d'aller sur les Côtes de Bresil ; mais avant notre départ de cette Isle, nous commençâmes à éprouver ce que le sort nous gardoit pour ce voyage. En voulant enlever quelques troupeaux de Moutons, plusieurs de nos Camarades furent pris par les Habitans, & déchirez si cruellement, que nous résolûmes de venger leur mort. Par malheur les Ennemis à qui nous avions affaire étoient si alertes, qu'ils nous échappoient lorsque nous nous imaginions les tenir. Leurs partis surprenoient toujours quelques-uns de nos gens ; ajoûtez à cela les chaleurs du climat encore plus difficiles à supporter que les fatigues de nos courses. Plusieurs de nos Compagnons tomberent malades. Il en mourut dans l'Isle une partie, une autre sur Mer, de façon que nous perdîmes du moins vingt personnes en voulant imprudemment en venger trois ou quatre.

De là jusqu'aux Côtes de Bresil nous fûmes retenus si long-temps en Mer par le gros temps, que l'eau commençoit à nous manquer quand nous y arrivâmes. Ainsi notre premier soin fut de chercher de l'eau douce. Pour cet effet, nous descendîmes à terre deux nuits de suite sans en trouver, ce qui nous fit résoudre à en prendre le jour sur quelque rivage écarté. Cela ne nous réüssit point. Nous fûmes apperçûs & repoussez partout.

Le plus grand mal que nous firent les Portugais, c'est que nous ayant vûs pendant le jour examiner l'embouchure d'une petite Riviere, & ne doutant point que nous n'eussions dessein d'y faire une descente pendant la nuit, ils nous y dresserent une embuscade. Dès le troisiéme voyage que nous y fimes, ils enleverent notre Chaloupe, & dix de nos Camarades qu'ils surprirent furent massacrez, sans qu'il nous fût possible de les secourir.

Après ce malheur, nous fûmes trois mois entiers le joüet des vents, tantôt poussez par devant Rio-Janeiro, vers Buenos-aires, & quand nous comptions d'y pouvoir relâcher, nous étions aussitôt ramenez le long des Côtes vers Cayenne, où nous abordâmes à la fin tous malades, ayant été long-temps réduits à ne boire chacun qu'un demi-verre d'eau en vingt-quatre heures, & à n'avoir enfin que nos voiles à succer le matin quand elles étoient moüillées par la rosée.

Hors d'état de pouvoir tenir la Mer, nous résolûmes de nous retirer à la Martinique, sitôt que nous fûmes un peu rétablis. Avant que d'y arriver nous rencontrâmes en chemin Monsieur Dugué Capitaine de Flibustiers de Saint Domingue, qui avec un équipage gaillard & frais embarqué, faisoit route vers Angole * sur le *François*, Bâtiment de huit pieces de canon. Nous parlementâmes. Nous leur contâmes notre desastre, & comme je sçavois que de Gennes alloit désarmer, j'acceptai la proposition que Dugué me fit de me prendre sur son bord.

Monneville n'avoit garde de me suivre. Il étoit si fatigué de la Mer & des miseres qu'il avoit souffertes, qu'il n'étoit pas recon-

* Sur les Côtes d'Affrique vers les 10. degrés de latitude Meridionale.

noissable. Il me conjura les larmes aux yeux de ne le pas quitter & de le conduire en France, m'assurant qu'il y avoit dequoi me faire vivre heureux avec lui, & m'offrant dès lors la moitié de son bien; mais je n'étois pas encore assez las de la Mer pour accepter ses offres. Tout ce que je pûs faire pour lui, fut de prier de Gennes de lui chercher occasion de repasser en France, & de me rendre caution de tout ce que mon ami lui pourroit devoir.

Dugué avoit le plus fort équipage que j'eusse encore vû dans la Flibuste, & son Vaisseau étoit excellent voilier. Ainsi je me trouvai là avec des Camarades, qui n'ayant pas moins bonne opinion d'eux-mêmes, que de disposition à bien faire, me promettoient de me dédommager de la mauvaise équipée que je venois de faire. Nous n'allâmes pas jusqu'aux Côtes d'Affrique pour mettre à l'épreuve leur bonne volonté. Nous rencontrâmes à la hauteur de l'Isle de Sainte Helene, où nous comptions tous de relâcher, un Vaisseau Anglois de trente pieces de canon.

Nous nous disposâmes à l'aborder, & lui à éviter l'abordage. Il fit feu sur nous pendant deux heures entieres & nous tua bien du monde. Le malheureux Dugué fut du nombre des morts, & l'on me fit Capitaine sur le champ. Je me mis aussi-tôt à donner mes ordres pour l'accrocher, & la longue resistance des Anglois nous animant contre eux aussi-bien que la mort de notre Chef, nous les maltraitâmes si fort, que lorsqu'ils amenerent, il n'en restoit presque pas un qui fût en état de se défendre.

L'extrême desir que j'avois de me venger des maux que les Portugais

tugais m'avoient faits, fut cause que je proposai à mon petit Conseil de retourner en Amerique croiser sur les Côtes du Bresil. Mon avis fut approuvé unaniment, quand j'eus fait observer la difficulté qu'il y avoit à nous défaire de notre prise ailleurs qu'à Saint Domingue ou à la Martinique, & que je leur eus représenté que rarement les Flibustiers faisoient fortune sur les Côtes d'Affrique, parce qu'il s'y rencontroit presque autant de Vaisseaux de guerre que de Marchands, & qu'il n'y avoit point là pour eux de retraites commodes.

Quand nous approchâmes du Bresil, nous envoyâmes six des nôtres avec quelques Anglois au petit Goave pour y vendre notre prise, & revoyant ces petites Isles où deux mois auparavant on m'avoit refusé de l'eau, j'y fis faire des descentes, que les Pêcheurs qui les habitent ne pouvoient plus empêcher. Nous mîmes tout à feu & à sang & jettâmes dans la mer une quantité prodigieuse de poissons secs que nous y trouvâmes & qui faisoient tout leur bien. Nous passâmes pendant la nuit tout au travers de la riviere du Janeiro pour aller faire du bois & de l'eau dans l'Isle de sainte Anne.

Quoique cette Isle soit fort petite n'ayant guere qu'une lieuë de circuit, il y a cependant vers le milieu un très beau bassin d'eau douce. C'est là que j'ai vû des oiseaux d'une couleur bien extraordinaire. Leur corps étoit d'un rouge fort vif, leurs aîles & leurs queuës du plus beau noir du monde. Nous aprochâmes ensuite du continent & faisant de temps en temps des descentes, nous ruinions les habitations & mettions à un prix excessif la liberté des prisonniers qui pouvoient se racheter.

Nous enlevâmes entre autres à douze lieuës du Rio Janeiro un Capitaine Garde-Côte, sa femme, deux grandes filles, un Carme & plusieurs Esclaves. Le Carme étoit frere du Capitaine & s'étoit transporté chez lui de son Convent de Saint Sebastien * par ordre exprès de leur bonne mere, qui vouloit avant que de quitter ce monde, avoir la consolation de voir ses deux fils assemblez & leur donner sa bénédiction. Cette pieuse mere, après leur en avoir départi à chacun sa part & portion, prenoit congé d'eux, quand nous assaillimes l'habitation. Les premiers coups que nous tirames interrompirent le lugubre ceremonial de leurs adieux, & une frayeur muette succeda aux plaintes & aux cris mesurez dont la maison venoit de retentir.

* Capitale de la Province du Rio Janeiro.

Personne ne fit mine de s'opposer à nous qu'une jeune Dame plus aguerie que les autres, qui se mit en devoir de nous fermer impoliment la porte au nez; mais par malheur pour elle un coup de mousquet l'envoya dans l'instant tenir compagnie à la bonne femme. Le Carme effrayé s'enfuit dans le jardin. Le Capitaine qui s'y étoit pareillement jetté tirailla d'abord sur nous, sans s'apercevoir que nous enlevions sa femme & ses filles. Dès que ses yeux furent frappez de ce spectacle & qu'il prit garde que nous nous préparions à mettre le feu à la maison, il cessa de se deffendre & se rendit de bonne grace. Le Moine y fit plus de façons. Il nous somma d'abord de la part du Ciel de lui laisser la vie, puis comme s'il se fut défié d'obtenir de nous cette grace de cette façon, il se radoucit tout à coup, se prosterna humblement à nos pieds & nous conjura par le cierge beni à la clarté duquel l'ame de sa mere venoit de s'envoler, & qu'il tenoit encore entre ses mains.

Ne jugez pas de moi par l'habit, nous crioit-il ; je suis Prêtre, Messieurs. Ne trempez point vos mains dans le sang d'un Ecclesiastique, d'un Religieux, d'un Carme. Je ne vous demande que la vie. Accordez-la moi par pitié, ou plutôt pour votre propre intereft. Je connois cette habitation & je m'offre à vous indiquer tout ce qu'il y a de bon & qui vaut la peine d'être emporté. A un discours si pathetique, nous le rassurâmes, à condition qu'il nous tiendroit parole ; ce qu'il ne manqua pas de faire. Il nous ouvrit tout ce qui fermoit à clef, en nous disant : prenez, Messieurs, tout est à vous ; & il disoit ces paroles avec tant d'ardeur, de bonne foi & de desinteressement, qu'il n'étoit pas possible de douter qu'il n'eût sincerement renoncé aux biens terrestres.

Nous lui eûmes obligation de bien des choses, qui sans lui auroient échapé à nos recherches, & sur tout de douze Negres qu'il nous fit prendre dans un endroit, où jamais nous ne nous serions avisez de les aller chercher. Ils ne firent aucune resistance, persuadez qu'ils étoient, comme l'âne de la fable, que puisqu'il leur falloit être toujours esclaves, il leur devoit être indifferent de qui ils le fussent.

Comme il est difficile de contenter tout le monde, le procedé généreux du Carme revolta toute sa famille. Sa belle-sœur principalement, un peu mutine de son naturel, s'emporta contre lui sans ménager les termes. Le pourriez vous croire, Messieurs, nous dit-elle, quand ils furent tous sur notre bord, que cette creature qui vient de périr étoit la compagne de ce Reverend Pere, qui a eu l'effronterie de l'amener chez moi, quoiqu'il n'y vint que pour recevoir les derniers soupirs de sa mere.

Elle alloit continuer l'éloge du Moine, quand son mari lui imposa silence pour nous faire excuse de son emportement. Vous voyez bien, Messieurs, nous dit-il, que c'est la colere qui répand tant de venin sur le portrait qu'on vous fait de mon frere. C'est un coquin, j'en demeure d'accord, mais on n'auroit pas dû vous le dire pour notre honneur & pour celui de la Religion. Ne soyez pas scandalisez de ce que vous venez d'entendre. Les Religieux ne sont point ici tels qu'on vous a dépeint celui-ci. Ils sont éclairez, vertueux,

P iiij

zelez pour la foi & toujours prêts à la sceller de leur sang.

Le bon Portugais ne disoit rien qui ne fut veritable, mais il n'ajoutoit pas que dans ce nouveau monde il y avoit aussi beaucoup de Moines ignorans, oisifs, libertins & qui n'avoient pris le parti du Convent que pour vivre avec impunité dans le luxe, la molesse & l'abondance. Il ne nous avoüoit pas ce que nous sçavions déja, que dans ce pays-là qui dit Moine, dit un homme puissant, absolu, fier, indépendant, un homme craint des Grands, respecté & presque adoré du peuple, qui n'a ni l'esprit ni la hardiesse de se scandaliser de sa conduite.

Comme ce n'étoit pas des mœurs de nos prisonniers qu'il s'agissoit alors, mais de leur rançon, nous les obligeâmes d'écrire au Gouverneur du Rio Janeiro dont ils étoient parens, que nous lui demandions pour leur liberté une certaine quantité de farines, de viandes & d'eau-de-vie ; que si nous ne recevions cette provision dans vingt-quatre heures, & s'il sortoit du Port le moindre Bâtiment, le Capitaine en répondroit aussi bien que toute sa famille. Aparemment que le degré de leur parenté avec le Gouverneur n'alloit pas jusqu'au droit hereditaire en faveur de celui-ci, puisqu'il le servit à point nommé, malgré ce que les conditions que nous lui imposions avoient de dur & de fier.

De notre côté, nous n'eûmes pas plutôt les provisions abondantes que nous avions demandées, que nous mimes nos prisonniers à terre très contents de notre procedé. Le Capitaine surtout nous témoigna qu'il étoit moins touché de la liberté qu'il recouvroit, que des égards & du respect que nous avions tous eus pour sa femme & pour ses filles. Quant à elles, en tombant entre les mains des François, & des François Flibustiers encore, je suis seur qu'elles ne s'étoient point attenduës à tant de moderation. Véritablement je ne sçai si la continence tant vantée de Scipion l'emportoit de beaucoup sur celle que nous eumes dans cette conjoncture.

Pour le Carme il n'eut pas sujet de se loüer de nous. Une heure avant qu'il nous quittât on lui fit une piece à laquelle je n'eus point de part & que je desapprouvai fort. Quelques Flibustiers se firent un jeu de le traiter comme l'amant d'Heloïse. Je les blâmai, & toutefois je ne pûs m'empêcher d'en rire aussi lors que le Chirurgien à qui principalement je voulus faire des reproches, me dit du plus grand sang froid du monde, que cette cure lui feroit honneur, que l'operation n'avoit duré qu'une minute, qu'il répondoit de la guerison corporelle de son malade, & qu'il y avoit tout lieu d'esperer la spirituelle.

Le Gouverneur du Rio Janeiro fut outré de notre hardiesse, & regardant comme le dernier affront la loy que je lui avois imposée de nous fournir lui-même des vivres, il jura solemnellement ma perte & ne songea qu'à se venger. Il communiqua son dessein aux quatorze Capitaines des Côtes, & mettant ma tête à prix, il les pria de faire publier qu'il donneroit quatre mille pieces de monnoye d'or à celui qui la lui aporteroit. Quelle difference, grand Dieu ! je n'en trouverois pas aujourd'hui quatre sols !

Je me sentis si fier de l'honneur signalé que les Portugais daignoient me faire, que je leur donnois souvent occasion de travailler à gagner le prix proposé. Nous faisions continuellement des descentes & dans nos pillages nous ne conservions que les Negres; puis quand nous en avions un certain nombre, nous mettions pavillon Anglois pour les aller vendre plus loin. On connut bientôt la tromperie, & sans respect pour le pavillon bleu, on tiroit souvent sur nous. On nous dressa tant de piéges, que ma téte précieuse pensa faire enfin le voyage du Rio Janeiro sans le reste de mon corps.

Le Gouverneur ayant appris que nous étions entre sa Capitanie & celle de Spiritu-Sancto, fit sortir sur nous plusieurs fregates, qui prenant le large, se flattoient de nous surprendre vers les côtes & nous y envelopper. Le Capitaine de la premiere que nous aperçumes fit une manœuvre dont tout autre que moi auroit été peut-être la dupe comme je le fus. Il pouſſoit devant lui deux mauvais Bâtimens appellez Semaques, montez chacun de douze à quinze hommes, qui ne nous voyoient pas ſitôt qu'ils feignoient de faire tous leurs efforts pour nous éviter, & cependant ils ſe laiſſoient prendre.

Quand la fregate parut à ſon tour ſes ſabors étoient fermez, ſes voiles en pantaines comme celles d'un Vaiſſeau délabré, ſa manœuvre languiſſante & ſept ou huit hommes qui paroiſſoient deſſus ſembloient auſſi ſe tourmenter pour nous échaper & gagner la côte. Je crus ſottement que c'étoit un troiſiéme Semaque auſſi facile à prendre que les deux autres, & qu'il ſuffiſoit d'aller voir avec notre chaloupe s'il n'étoit pas plus riche qu'eux. Le calme qui regnoit alors & qui nous empêchoit de le joindre aiſément avec notre Vaisseau, fut cause que je pris ce parti.

Je descendis donc dans la chaloupe avec une douzaine de Flibustiers, & nous l'eûmes bientôt atteint. Le trop de vivacité des Portugais nous sauva. Au lieu de nous laisser monter sur leur bord sans se découvrir, ils se leverent avec précipitation dès que nous fûmes à la portée du pistolet & firent sur nous une décharge de deux à trois cens coups de fusil qui nous troublerent terriblement. Notre chaloupe d'un autre côté pensa périr par le mouvement subit que nous fimes pour virer de bord à ce coup de surprise. Nous étions d'autant plus éloignez de nous y attendre, qu'à notre approche trois ou quatre de ceux qui paroissoient sur la fregate avoient mis un pavillon François, comme malgré leurs camarades, & avoient crié vive le Roi de France, nous disant qu'ils étoient Canoniers de Saint Malo, & qu'ils n'avoient pris parti parmi les Portugais que parce que Monsieur du Gué-Troüin les avoit laissez malades au Rio Janeiro, après l'expedition dans laquelle il avoit pillé cette Ville, pour venger les traitemens faits à Monsieur le Clerc.

Ils étoient effectivement Canoniers François; mais les traîtres après avoir trahi leur patrie ne demandoient qu'à faire triompher d'elle ses plus cruels ennemis. On peut juger dans quels termes nous les apostrophâmes en nous éloignant, tandis que ces perfides faisant usage de leur adresse nous répondoient à coups de canon, tant que nous fûmes à sa portée, & n'en tiroient guere à faux. Nous ne doutâmes point que cette fregate ne fut soutenuë & nous écartant d'elle & de la côte à force de rames, nous tachâmes d'éviter les suites d'une manœuvre si bien concertée. En effet au bout d'une heure nous découvrimes une autre fregate qui n'attendoit que le vent pour venir tomber sur nous.

Une telle conspiration contre ma tête ne demeura pas impunie. Je fis de nouvelles descentes & de nouveaux ravages, jusqu'à ce qu'ayant apris que pendant que nous nous amusions à les faire, un riche Vaisseau revenant d'Angole étoit entré paisiblement dans la Riviere du Janeiro. Nous changeâmes de batterie & résolumes de croiser quelque temps devant son embouchure. Nous eumes bientôt sujet de nous en applaudir : Il n'y avoit pas un mois que nous y étions, quand nous aperçumes un Vaisseau que nous ne pûmes joindre qu'à la vûë de la côte. Il étoit de trente-six pieces de canon. Il revenoit de la mer du Sud, & certainement on ne l'attendoit pas, puisque depuis sept ans qu'il étoit parti pour les Isles Orientales, il n'avoit point donné de ses nouvelles & qu'on le devoit croire perdu.

Le Capitaine étoit un jeune homme des plus braves, qui ne demanda pas mieux que d'en venir promptement à l'abordage, quoiqu'il n'eut que cent hommes d'équipage. La vûë de leur patrie, où ils rapportoient de grandes richesses après tant de travaux & de dangers, leur inspiroit à tous un courage heroïque. Pendant plus d'une demi-heure que nous restâmes en deux fois sur leur pont, il nous fut impossible de gagner sur eux le moindre avantage. Ils nous faisoient toujours déborder & retirer honteusement à notre Vaisseau. Il se faisoit alors une suspension d'armes de part & d'autre, comme pour reprendre haleine, puis quand nous retournions à la charge, nous trouvions une égale resistance.

Pleins de honte & de dépit nous redoublâmes nos efforts & resolumes la troisiéme fois d'y périr plutôt que de reculer. J'avois remarqué, qu'après la premiere décharge de leur mousqueterie, les Portugais s'en tenoient comme nous à l'arme blanche & combattoient presque tous l'épée à la main. J'en parlai à mes camarades & leur ordonnai de s'attacher chacun à son homme autant que cela se pourroit. Ce qui nous réussit parfaitement, parce que nos ennemis avoient moins d'adresse que de courage, & que se battant avec fureur & par consequent sans mesure, ils ne faisoient point de fautes dont nous ne sçeussions tirer avantage. Leur nombre commença donc à diminuer plus que

le notre, & quoiqu'ils combatif-
fent toujours avec le même acharnement, nous fentimes bien que
la victoire étoit à nous.

Le Capitaine voyant enfin qu'il
n'y avoit plus de reffource, fe
jetta à la Mer pour effayer de gagner le rivage en nageant, & fe
fauver du moins avec ce qu'il avoit
fur lui, mais il reçut dans l'eau
un coup de fufil qui lui caffa la
cuiffe. Il fut contraint de fe nom-
mer pour conferver fa vie. Le refte
de l'équipage demanda quartier en même temps. La bravoure
de ces Portugais fit changer en
eftime la haine que nous avions
pour toute la nation. Nous fimes
panfer les bleffés, & n'eûmes pas
moins de foin d'eux que de nos
propres Camarades.

En deshabillant pour cet effet
le Capitaine qui n'avoit plus de
connoiffance, nous trouvâmes
dans fa chemife plufieurs paquets

de petits cailloux bien envelopez, & comme je ne me connoissois guere en pareille marchandise, je la regardois attentivement. J'entendis une voix foible, qui de la foule des morts & des mourans me disoit *Diemainté Diemainté, Signor fortouna, fortouna.* C'étoit un Portugais expirant, qui dans la crainte que notre ignorance ne nous fit méprifer & perdre un butin si précieux, avoit la bonté de nous en faire connoître la valeur. C'étoit une quantité considerable de diamans brutes. Il y en avoit du moins pour trois cens mille livres, si j'en juge par la part que j'en eûs. J'en vendis à Nantes en 1713. une partie à Monsieur de Bonnefond Commissaire à Brest, & à Monsieur de Pradine frere de ce Monsieur Cazali, Capitaine de Corsaire dont j'ai parlé.

Je gardai cinq ou six jours une

vingtaine de Portugais qui ne voulurent pas mourir de leurs blessures. Nous fimes tous nos efforts pour les engager à rester avec nous & à remplacer les Camarades que nous avions perdus. Ces Portugais si braves & si dignes d'être Flibustiers, ne furent point tentés de cette qualité. Ils aimerent mieux l'état obscur de Bourgeois du Rio-Janeiro. Nous les mîmes donc à terre à vingt-cinq lieuës de cette Ville, leur laissant leurs habits, des vivres, & beaucoup plus d'argent qu'il ne leur en falloit pour s'y rendre. Nous fimes plus : Voyant que notre prise étoit des plus riches, nous leur donnâmes une assez grosse partie de leurs marchandises pour les sauver de la mandicité.

Leur Capitaine qui guerit de sa blessure se sentit si touché de notre procedé, que s'adressant aux Portugais : Non, leur dit-il, ce n'est pas les François qu'il faut regarder comme nos Ennemis ; ce sont les Ministres de la Cour de Lisbonne qui osent declarer la guerre à une si généreuse nation ; puis se tournant vers nous, il nous jura sur son honneur qu'il étoit moins sensible à la perte de ses richesses qu'à notre générosité. Il ajouta qu'en sa considération, j'allois être autant aimé dans sa Ville que j'y étois haï. J'aimai mieux l'en croire sur sa parole, que d'éprouver s'il avoit assez de crédit pour cela sur l'esprit de ses Compatriotes.

J'enmarinai ma prise que je menai à Saint Domingue, où nous la vendîmes dix-huit cens mille livres. Quelque temps après, au commencement de 1612. je passai à la Martinique, où j'appris que Monsieur Phelipeaux qui en étoit Gouverneur faisoit armer pour une entreprise contre les Anglois.

On avoit résolu de leur enlever Antigues, ou du moins d'y faire le ravage. Ce fut Monsieur de Cassare qui se chargea de l'expédition. Il prit pour cela cinq Vaisseaux de Roy & trois mille hommes de troupes, ausquelles Monsieur Phelipeaux nous engagea de nous joindre près de trois cens Flibustiers qui nous trouvions alors à la Martinique.

Les Anglois étoient sur leurs gardes, & nous essayâmes inutilement de faire une descente dans Antigues. Monsieur de Cassare en fut piqué jusqu'au vif, & ne voulant pas qu'il fût dit qu'il avoit fait en vain une telle levée de bouclier, il rabatit sur Mont-Sarra, où les Anglois se trouverent trop foibles pour empêcher notre débarquement. Ils avoient en récompense fait huit ou dix petits retranchemens qu'il falloit forcer avant que d'arriver à la Ville.

Monsieur de Caſſare rangea ſon armée en bataille, & ordonna aux Flibuſtiers d'être exacts à l'ordre comme les autres troupes.

Nous gardâmes donc gravement les rangs juſqu'au premier retranchement que nous emportâmes après quelque réſiſtance. Nous fûmes choqués de cette façon de combattre; & trouvant ridicule le flegme avec lequel les Soldats d'un Bataillon comptent diſcretement leurs pas, & ne ſongent qu'à meſurer leur démarche, tandis que les Ennemis ont le temps d'en déranger la ſimetrie à coups de fuſil, nous nous laiſſâmes aller à notre impetuoſité dès le ſecond retranchement, & laiſſant là les drapeaux, les tambours pour courir à la débandade ſur les Anglois, nous les pouſſâmes de retranchement en retranchement, & nous entrâmes avec eux dans la Ville.

Monſieur

Monsieur de Caſſare fut alors bien obligé de doubler le pas. En entrant dans la place, il nous fit les plus rudes réprimandes. Il nous repreſenta qu'outre la faute de déſobéïſſance, nous nous étions expoſez à nous faire tous tailler en pieces par notre imprudente vivacité. Cependant comme il voyoit ſon éloquence contredite par l'évenement & notre étourderie juſtifiée, il n'en fut plus queſtion, & le reſte du jour fut employé à piller la Ville & à ruiner les habitations.

Le butin ſe portoit en commun ſur les Vaiſſeaux pour être partagé à la Martinique, ainſi le pillage ſe faiſoit d'abord dans la Ville avec plus d'ordre que nous n'en avions obſervé pour la prendre. Mais la mort d'un de nos Flibuſtiers penſa faire dégénerer en guerre civile celle que nous faiſions ſi paiſiblement aux Anglois. Ce Flibuftier s'étant préfenté pour entrer dans une maifon d'affez belle apparence, un Officier François qui étoit à la porte avec quelques Soldats, voulut l'en empêcher. Le Flibuftier lui demanda de quel droit il s'emparoit de cette maifon, lui qui non plus que fes camarades n'avoit pas contribué à la prife de la Ville. L'Officier au lieu de lui répondre le fit repouffer par fes Soldats, & tandis que le malheureux fe retourna pour nous appeller à fon fecours, il reçut deux coups d'épée dont il tomba mort fur la place.

Quelques Flibuftiers s'en aperçurent & nous en avertirent. Nous commençames à nous raffembler & à faire appeller ceux des nôtres qui fe trouvoient éloignez. Heureufement Monfieur Caffare informé des mouvemens qu'on nous voyoit faire accourut

& nous trouva prêts à attaquer les François qui se préparoient à nous recevoir courageusement, dix au moins contre un. La présence du Chef ne nous desarma pas, & peut-être eut-il été forcé de se mettre contre nous à la tête des siens, si nous offrant satisfaction, il ne nous eut promis de nous livrer l'Officier dont nous nous plaignions. Cette promesse nous apaisa. Elle ne fut pourtant point accomplie : l'Officier disparut & nous oubliâmes cette affaire.

Fin du deuxiéme Volume.

La suite des Avantures du Chevalier de Beauchêne est à Tours, entre les mains de Madame son Epouse ; si elle me l'envoye j'en ferai part au Public.

De l'Imprimerie de L. D. DELATOUR, 1732.

www.ingramcontent.com/pod-product-compliance
Lightning Source LLC
Chambersburg PA
CBHW050259170426
43202CB00011B/1747